Fa

ERNST FERDINAND BERGEN
UND PHYLLIS PELLMAN GOOD

Entwicklung, Macht und Korruption

Danke

für die Gelegenheit, zu lernen und zu dienen.

Dieses Buch widme ich dem großartigen paraguayischen Volk

und all meinen Kollegen, Mitarbeitern und Freunden,
die mir bei meiner Amtsführung zur Seite standen.

Meine Dankbarkeit gilt meiner Familie,
ohne die ich diese Arbeit nicht hätte tun können.

Danke an Phyllis P. Good – du hast es ermöglicht, meine Gedanken
und Erfahrungen verständlich zu Papier zu bringen.

Danke an Wilma und Alfred Neufeld für eure Begleitung
Schritt für Schritt bei der Entstehung dieses Buches.

ERNST FERDINAND BERGEN
UND PHYLLIS PELLMAN GOOD

Entwicklung, Macht und Korruption

Als Christ in der Regierung Paraguays

NEUFELD VERLAG

Aus dem Englischen übersetzt von Elisabeth L. Wiens

Die amerikanische Originalausgabe erschien unter dem
Titel: *Jumping Into Empty Space – A Reluctant Mennonite
Businessman Serves in Paraguay's Presidential Cabinet* bei Good
Books, Intercourse, Pennsylvania/USA. © 2008 by Good Books.

Die Deutsche Bibliothek verzeichnet diese Publikation in der
Deutschen Nationalbibliografie; detaillierte bibliografische Daten
sind im Internet über www.ddb.de abrufbar.

Umschlaggestaltung: spoon design, Olaf Johannson
Umschlagbilder: © ShutterStock®
Bilder im Innenteil: Ernst Bergen
Satz: David Neufeld, Schwarzenfeld
Herstellung: Fuldaer Verlagsanstalt GmbH & Co. KG, Fulda

© 2009 Neufeld Verlag Schwarzenfeld
ISBN 978-3-937896-71-7, Bestell-Nummer 588 671

www.neufeld-verlag.de

NEUFELD VERLAG

Inhalt

Teil I: Meine Geschichte

Teil II: Zum Hintergrund

Auf seine Art

Am 15. August 2003 trat Ernst Ferdinand Bergen sein Amt als Industrie- und Handelsminister von Paraguay an. Präsident Óscar Nicanor Duarte Frutos hatte ihn gebeten, seinem Kabinett beizutreten.

Nach 21 Monaten bat der Präsident ihn, das Amt des paraguayischen Finanzministers zu übernehmen. Dies ist vermutlich eine der herausforderndsten Positionen in der Regierung Paraguays, einem Entwicklungsland, das dringend eine wirksame Gesetzgebung für seine Finanzpolitik sowie die Unterstützung und Förderung der vielen armen Leute braucht – einer großen benachteiligten und rechtlosen Landbevölkerung und Arbeiterschaft.

Als Finanzminister war Ernst Bergen vom 19. Mai 2005 bis zum 30. Juli 2007 im Amt, und damit länger als alle Vorgänger während der letzten drei Legislaturperioden.

Seine Großeltern waren deutsche mennonitische Flüchtlinge aus dem heutigen Polen, die nach dem Ersten Weltkrieg eine neue Heimat im paraguayischen *Chaco* fanden, einer Region mit Trockenwäldern und Dornbuschsavannen (siehe auch »Mennoniten in Paraguay«, Seite 173). Ernst ist in Filadelfia geboren und aufgewachsen, einem kleinen, zentral gelegenen Ort in der mennonitischen Kolonie Fernheim in der unwirtlichen Chacowildnis. Er war weder an der Regierung noch an Politik interessiert. Er gehört zu einer Glaubensgemeinschaft, die für ihren Fleiß und ihre praktische Veranlagung bekannt ist; beides Eigenschaften, die sich auf ihre Geschichte und Theologie zurückführen lassen. Die Einmischung in Regierungsfragen und Politik erweckte bei ihnen eher Misstrauen.

Dies ist die Geschichte, wie und warum Ernst Bergen im Alter von 39 Jahren zu einem der engsten Vertrauten von Präsident Duarte wurde. Trotz seiner anfänglichen Bedenken wurde er tatsächlich Mitglied des Kabinetts. Durch seine zwei Minister-posten trug er dazu bei, dass es zu einem bedeutenden finanziellen und wirtschaftlichen Aufschwung Paraguays kam.

Zugleich ist dieses Buch aber auch die Geschichte eines rastlosen und zugleich sehr gewissenhaften Unternehmers.

Phyllis Pellman Good

Warum dieses Buch?

Ich nehme an, alle Menschen erleben es mindestens einmal, dass sie ganz plötzlich in ihrem Leben an einer Wegkreuzung stehen, die sie dazu zwingt, eine radikale Entscheidung zu treffen. Ich glaube auch, dass jeder einen solchen Augenblick am liebsten vermeiden würde. Aber das geht nicht. Man kämpft mit sich selbst, seinen Ideen, seinen Grundsätzen. Aber schließlich tut man das, was man als freier Mensch tun muss – man trifft eine Entscheidung.

So etwa war es für mich, als ich 2003 gebeten wurde, ein öffentliches Amt – zudem noch einen Ministerposten – zu übernehmen.

In meinem Innern tobten gemischte Gefühle. Ich musste Hilfe bei anderen suchen; Rat in meiner vertrauten Umgebung – meiner Familie und bei meiner christlichen Gemeinde –, um eine Antwort auf diese Anfrage zu finden, die so plötzlich auftauchte und mich zugleich elektrisierte, das kann ich nicht bestreiten.

Ich hatte bereits eine solide Laufbahn als Unternehmer hinter mir. Es ging mir richtig gut. Ich leitete meine Firmen und verbrachte meine Zeit gemäß meinen eigenen Bedürfnissen und besonderen Anforderungen. Ich selbst war die Achse, um die sich die gesamte Betriebsdynamik drehte, und ich fühlte mich sehr wohl dabei. Ich verwaltete das, was mir gehörte, so wie es mir persönlich richtig schien.

Als ich dann gebeten wurde, Industrie- und Handelsminister in der Regierung zu werden, die am 15. August 2003 antreten sollte, erschreckte mich vor allem das unbekannte Tal, aus dem sich das Ungeheuer eines öffentlichen Amtes – zudem eines sehr verrufenen – erhob. Wie sollte ich das schaffen? Wie sollte ich den enormen politischen Druck auf sachliche Entscheidungen aushalten? Wie viel Freiheit würde ich haben, Maßnahmen zu treffen, die ich für notwendig hielt? Wie würde es sein, als meinen unmittelbaren Vorgesetzten keinen Geringeren als den Präsidenten der Republik höchstpersönlich zu haben? Wie viel Zeit würde ich dieser Aufgabe widmen müssen, die ich mir einfach riesenhaft vorstellte? Was würden meine Freunde sagen, meine Geschäftspartner? Wie würden mich die Staatsbeamten aufnehmen?

Ich habe mich schließlich über all diese Fragen hinweggesetzt. Und ich habe das Amt des Industrie- und Handelsministers (und später dann das des Finanzministers) übernommen. Und ich habe viel erlebt, was ich nie vergessen werde. Es gab gute Erfahrungen. Und natürlich gab es auch schlechte.

Vor allem aber möchte ich etwas hervorheben, was mich zutiefst geprägt hat: Ich lernte. Ich habe viel gelernt. Ich habe die Beweggründe und das Verhalten der Menschen besser kennen gelernt. Ich erkenne nun klarer meine eigenen Grenzen und meine starken Seiten. Ich habe gelernt, radikale Entscheidungen in Situationen zu treffen, die ich – rein menschlich gesehen – durch eigene Willenskraft gar nicht kontrollieren konnte.

Es war eine reiche Erfahrung, obwohl es harte Zeiten gab. Es gab Augenblicke, in denen ich alles aufgeben und weglaufen wollte, um wieder in die Harmonie meiner eigenen Welt zurückzukehren. Aber dafür war es längst zu spät. Ich hatte bereits eine Verpflichtung mir selbst und unserem Land gegenüber übernommen, die ins Riesenhafte wuchs, ohne dass mir dies richtig bewusst wurde.

Ein öffentliches Amt ist sehr aufreibend, vor allem für jemanden, der aus der Wirtschaft kommt. Aber in einem Land wie Paraguay ist es dringend notwendig, das Verantwortungsbewusstsein der Bürger zu fördern, damit sie sehen, dass die Sache des Staates unser aller Sache ist, uns alle angeht: Wir müssen uns daran beteiligen.

Mich hat die Beteiligung an der Staatsführung entscheidend geprägt. Auch deshalb fühlte ich mich veranlasst, dieses Buch über meine Erlebnisse zu schreiben.

Ich möchte nicht so anmaßend sein und mich als Vorbild darstellen. Das ist nie meine Absicht gewesen. Mit diesem Buch möchte ich den Leserinnen und Lesern nur einen Einblick in das Innere eines Staatsapparates gewähren, aus der Sicht eines Menschen, der ohne diesbezügliche Absichten ins öffentliche Leben geriet. Es ist die Sicht eines Mannes, der in brenzligen Situationen tat, was er für notwendig hielt, und danach mit einem guten Gewissen in seine Welt zurückkehrte. Ich habe versucht, die Dinge aus einer ehrlichen Sicht ohne extreme Werturteile zu betrachten, einer aufrichtigen Sicht.

Ich weiß nicht, ob ich es unbedingt noch einmal machen würde. Ich glaube, ich habe das Meine nun getan. Ich möchte Ihnen aber etwas sagen: Wenn Ihnen ein öffentliches Amt angeboten werden sollte und Sie wirklich einen Beitrag für Ihr Land, Ihre Region etc. leisten möchten, dann nehmen Sie es an. Wenn Sie etwas zur Verbesserung beitragen können, dann nehmen Sie es an. Wenn Sie die geistige Kraft und den aufrichtigen Willen besitzen, nehmen Sie es an. Auch wenn es Ihnen wie ein Sprung ins Bodenlose vorkommt: Christen sollten sich dem Schutz Gottes anbefehlen. Und wer nicht Christ ist ... ebenfalls. Mit Gott ist alles möglich.

Und dann vorwärts! Bekennen Sie sich zu Ihrer Freiheit, stellen Sie sich für den Dienst an anderen zur Verfügung. Es wird ein beispielhafter Akt bürgerlichen Verantwortungsbewusstseins sein.

Teil I

Meine Geschichte

Kapitel 1

Was die Öffentlichkeit von einer öffentlichen Figur erwartet

D er Kontakt zur Presse und den Medien gehörte niemals zu meinen Lieblingsbeschäftigungen. Ich hatte jedoch ausgezeichnete Mitarbeiter in meinem Stab, die mir bei dieser täglichen Aufgabe halfen.

Eines Morgens kam ich um etwa 8.00 Uhr in mein Büro im Finanzministerium. Das Pensum für diesen Tag war bereits stark überladen. Meine Pressechefin Laura und ich hatten gerade unsere Besprechung begonnen, als Dario, ein anderer Mitarbeiter der Presseabteilung, uns unterbrach. Mit besorgtem Blick und aufgeregter Stimme teilte er uns mit, dass jemand aus der Gruppe, die als die »Opfer der Stroessner-Diktatur« bekannt war, auf den Sendemast eines Radiosenders in Asuncións Stadtviertel Trinidad gestiegen sei. (Alfredo Stroessner Matiauda, 1912–2006, war von 1954 bis 1989 Präsident und Diktator von Paraguay.) Der Mann hatte die Spitze des Masten in einer Höhe von 85 Metern erreicht und forderte nun, den Finanzminister zu sprechen. Falls der Minister nicht erscheine, würde er sich hinab stürzen.

Lauras Telefon klingelte ohne Unterbrechung. Wie gewöhnlich, wenn wir uns besprachen, ignorierte sie diese Anrufe. Ich

13

nickte ihr jedoch zu, abzunehmen. Es war der Rundfunksender, der über diesen Mann berichtete, und Laura reichte mir den Hörer. Nun war ich direkt in einer Live-Sendung. Die Radiomitarbeiter rieten mir, nach Möglichkeit für Ruhe zu sorgen und die Bevölkerung zu besänftigen, indem ich mit dem Radiomoderator verhandele, der seinerseits mit dem Mann auf dem Mast spreche. Dann teilte Laura mir mit, dass Presse und Fernsehsender bereits auf dem Weg zu diesem Radiosender seien.

»Was sollen wir tun?«, fragte ich Laura.

Sie meinte, ich sollte direkt mit Juan, dem Mann auf dem Sendemast, sprechen.

»Es gibt viele Masten und Türme in unserem Land. Soll ich andere Menschen ermutigen, da überall hoch zu klettern?!«, fragte ich etwas sarkastisch.

Während dessen versammelten sich immer mehr Menschen um den Sendemast. Der Radiosender teilte mit, dass er telefonisch direkt mit dem Finanzminister in Verbindung stünde. Laura überredete mich, dieses Gespräch anzunehmen. Ich schlug also einen möglichst versöhnlichen Ton an und versuchte gleichzeitig, meine Gedanken zu ordnen und mich auf eine der vielen biblischen Lehren zu konzentrieren, bei denen es um den Wert eines Menschenlebens geht.

Nun war ich direkt mit dem Rundfunksender verbunden. Ich hörte mich sagen: »Wir alle halten es für wichtig, Juans Leben zu retten. Wir müssen jetzt vor allem erreichen, dass er vom Mast steigt, damit wir erfahren können, worum es ihm geht. Dann werden wir uns als Finanzministerium im Rahmen der gesetzlichen Möglichkeiten um eine geeignete Hilfe bemühen.«

Der Intendant des Rundfunksenders fragte mich: »Herr Minister, sind Sie schon unterwegs? Können wir in einigen Minuten mit Ihrer Anwesenheit rechnen?«

Ich antwortete: »Ich möchte gerne wissen, worum es Juan geht. Ich möchte ihn so gerecht wie möglich behandeln. Wenn unser Ministerium ihm gegenüber irgendwie ungerecht gewesen ist, will ich das von ihm hören. Er kann ganz sicher sein, dass ich ihn anhören werde, um festzustellen, welchen Fehler das Ministerium gemacht hat. Könnte er uns etwas mehr Zeit geben, damit wir ganz genau herausfinden können, welches seine tatsächlichen Nöte sind? Sobald ich nähere Informationen darüber habe, werde ich mein Möglichstes tun, um ihm zu helfen.«

Unten am Sendemast teilten die Leute Juan meine Nachricht über einen Lautsprecher mit. Ich rief meinen Mitarbeiterstab zu einer Besprechung zusammen, um gemeinsam über die Lage zu beraten. Zudem rief ich einen befreundeten Pastor an, Félix Duarte, den Gefängniskaplan unserer Gemeinde, der Erfahrung in Krisenbewältigung hatte. Er schlug vor, ich solle Juan bitten, vom Mast zu steigen, und versprechen, dass ich ihn dann sofort empfangen würde.

Laura teilte mir mit, dass beim Sendemast bereits weitere Personen warteten, die Juan gebeten hatte, Zeugen zu sein: mehrere Reporter von Radio- und Fernsehsendern sowie die Botschafter von Kuba und Venezuela, der katholische Bischof Mario Melanio Medina Salinas, ein Ombudsmann und Hermes Rafael Saguier, ein äußerst polemischer und landesweit bekannter Rechtsanwalt. Die beiden Botschafter hatte Juan eingeladen, weil ihre Länder die politische Linke vertraten, genau wie der Bischof.

Ich rief den Innenminister an. »Es gibt ein Sonderkommando für solche Fälle, und es ist bereits auf dem Weg zum Mast«, teilte mir Innenminister Rogelio Benitez mit. Unsere Sicherheitsleute bestanden darauf, dass Juan vom Mast klettern solle. Nur so sei ein ruhiger Dialog möglich. »Sagen Sie ihm, der Finanzminister verlasse bereits sein Büro, er kann schon herabsteigen«, sagte der Innenminister.

Ich sagte meine Termine mit den Zuckerfabrikanten sowie mit UN-Beamten ab und verließ eiligst mein Büro. Miguel Gómez, meinen Vizeminister, bat ich, mich zu begleiten. Zu diesem Zeitpunkt lagen uns bereits umfassende Informationen über die Vorgeschichte des Mannes auf dem Mast vor. Präsident Duarte hatte einen Entschädigungsfonds für die Opfer der Militärdiktatur geschaffen. Juan gehörte zu den 511 Personen, die Gelder aus diesem Fonds erhielten. Mein Vizeminister bestätigte mir, dass wir rechtmäßig in der Lage seien, Juan und anderen Opfern der Diktatur zusätzliche Zahlungen anzubieten.

»Aber was, wenn dieses Beispiel Schule macht und weitere Opfer auf irgendwelche Türme klettern und damit Zahlungen verlangen?«, entgegnete ich. Langsam näherten wir uns dem Mast, ohne erkannt zu werden. Ich habe mit Sicherheit in Asunción niemals so viele Türme und Masten gesehen wie an diesem Tag! In meinem Innern sah ich auf all diesen Türmen jemand, der sich zum Sprung in die Tiefe anschickte. Unwillkürlich durchzuckte mich der Gedanke, Juan zu diesem Sprung zu ermutigen, damit alle sehen könnten, wie gefährlich derartige Wahnsinnsideen werden können.

Dank der Sachkenntnis der Sicherheitskräfte und Juans Kooperation gelang es uns, ihn davon zu überzeugen, dass ich demnächst eintreffen und mit ihm sprechen werde, sobald er unten sei. Als uns gemeldet wurde, dass Juan herabgestiegen sei, beendeten wir unsere Fahrt durch das Stadtviertel und begaben uns an den Ort. Ich besorgte uns einen privaten Sitzungsraum, wo Juan und ich miteinander sprechen konnten, aber Juans Unterstützer waren dagegen.

Bei meiner Ankunft an dem Sendemast wurden mir von allen Seiten Mikrofone ins Gesicht gehalten. Ich bestand darauf, zuerst mit Juan zu sprechen. Wir begaben uns zu dem Sitzungsraum. Es gab jedoch weitere 15 Personen, die der Meinung waren, dass sie ebenfalls dabei sein müssten: die Familienangehörigen von Juan, sein streitbarer Rechtsanwalt, der Ombudsmann, der Bischof, die Botschafter und der Eigentümer des Rundfunksenders. Ich betrat den Raum gemeinsam mit meinem Vizeminister Miguel, einem Meister der Krisenbewältigung. Sicherheitskräfte mussten die Tür vor der Menschenmenge schützen. Ich setzte mich neben den Mann in fortgeschrittenem Alter, sah ihm in die Augen und fragte: »Wie geht's dir, Juan?«

Ich war hier ganz offensichtlich der Böse, und war natürlich selbst auch aufgeregt. Zuerst dankte ich allen Anwesenden für ihre Mitarbeit und den gemeinsamen Wunsch, das Leben von Juan zu retten. Ich versicherte ihnen, dass ich mich verantwortlich fühlte, seinen Forderungen gerecht zu werden, und bat sie, mir darin beizustehen. Juan weinte. Ich bat die Anwesenden um Aufmerksamkeit, und die ganze Gruppe hörte gespannt zu, während Juan uns mit Tränen in den Augen seine Geschichte erzählte.

Ich glaube, er hatte bereits gemerkt, dass es mir vor allem um eine Versöhnung ging. Er erzählte, wie er unter der Diktatur gelitten hätte, und welche Ungerechtigkeiten er hatte ertragen müssen. Danach teilte er uns mit, was am Vorabend vorgefallen war: Seine Tochter hatte ihn um Geld gebeten, das er ihr nicht hatte geben können. Dann war plötzlich die Gasflasche leer gewesen, und seine Frau hatte ihn gebeten, eine neue zu holen, um das Abendessen zu machen. Aber er hatte kein Geld gehabt. Er hatte sich wie ein Versager seiner Tochter *und* seiner Frau gegenüber gefühlt und die ganze Nacht nicht geschlafen. Am Morgen hatte er dann beschlossen, etwas Spektakuläres für seine Familie zu tun und sein Ansehen zu retten, indem er sich als mutiger Vater und Ehemann erwies.

Was konnte er unternehmen? Da war ihm die Idee mit dem Mast in den Sinn gekommen. Das wäre eine Gelegenheit, seine berechtigten Forderungen an die Öffentlichkeit zu bringen, um das zu erreichen, was er unter Stroessner nie erreichen konnte. Jetzt saß er da, niedergeschlagen an der Seite seiner Frau, und weinte.

Die Erwartungen in und außerhalb des Raumes und meine Verantwortung waren groß. Ich versicherte ihm, dass ich Verständnis für seine Gefühle und die ungerechte Behandlung hätte, die ihm widerfahren war. Ich dankte ihm dafür, dass er herabgestiegen sei, und erinnerte ihn daran, dass nicht allein er solche Ungerechtigkeit erlebt hätte. Mit meinem Vizeminister hatte ich bereits das Gespräch mit dem ebenfalls anwesenden

Sprecher der Diktaturopfer eingeleitet. »Wir sind alle erschüttert von dieser Lage«, sagte ich. »Und wir alle stehen unter einer großen Spannung. In solchen Augenblicken ist es leicht, den Fehler zu machen, dass man anderen Opfern gegenüber ungerecht wird. Juan, das Wichtigste ist jetzt, dass du dein Leben gerettet hast und herabgestiegen bist. Ich lade dich ein, mich morgen um 8.00 Uhr in meinem Büro im Finanzministerium zu besuchen, und dort können wir dann gemeinsam über die weiteren Schritte entscheiden. Du kannst mitbringen, wen du willst. Gemeinsam werden wir eine Lösung finden.«

Er nahm meinen Vorschlag an, obwohl mehrere der Anwesenden nicht damit einverstanden waren. Die nächste Herausforderung war nun die Auseinandersetzung mit der Presse, die draußen wartete. Ich bat den Vizeminister, sich der Presse zu stellen und zu versprechen, dass man ihnen am nächsten Tag, nach meinem Gespräch mit Juan, alle Einzelheiten über die Lösung mitteilen würde. Die ganze Gruppe war allerdings dagegen und bestand darauf, dass ich selbst mit der Presse sprechen solle.

»Okay«, sagte ich. »Ich werde mit der Presse sprechen, aber keine Fragen beantworten.« Ich bat alle, die bei meiner Unterhaltung mit Juan dabei waren, um Verständnis für diese gespannte Lage. Sie sollten daran denken, dass wir für das ganze Land und für alle Opfer des Stroessner-Regimes verantwortlich seien. »Wir dürfen nicht andere dadurch schädigen, dass wir eine besondere Lösung für diesen Einzelfall suchen.«

Es gab reichlich Schubse von allen Seiten, während wir uns auf die Pressekonferenz vorbereiteten. Es war eine chaotische Situation. Die zahlreichen Zeitungsreporter bombardierten uns mit Fragen und Schreien. Ich begrüßte die Anwesenden mit den Worten: »Ich freue mich, denn Juan lebt. Und ich gebe ihm jetzt das Mikrofon ...« Juan war tief bewegt. Unter anderem sagte er, dass er mit dem zufrieden sei, was bisher besprochen wurde. Er bestätigte, dass er damit einverstanden sei, diesen Prozess am nächsten Tag fortzusetzen.

Ich übernahm das Mikrofon wieder und teilte meinen Standpunkt zu diesem Fall mit, ohne Fragen zu beantworten. Ich dankte Juan, dass er meinem Wort vertraut, und den anderen, dass sie zum Gelingen der Verhandlung beigetragen hatten. Ich bat die Anwesenden um Verständnis für die Regierung, die verpflichtet sei, gemäß den gesetzlichen Rahmenbedingungen vorzugehen. Die von uns vorgeschlagenen Lösungen müssten für alle vom Stroessner-Regime Betroffenen gelten. Ich hob die Bedeutung derjenigen hervor, die die Freiheit und das Recht unter dem Militärregime verteidigt hatten. Dann schloss ich, indem ich mich bei allen bedankte. Ich umarmte Juan und sagte: »Wir sehen uns morgen.« Dann ging ich. Die Zeitungsreporter folgten mir und bombardierten mich mit Fragen.

Der Klartext der Botschaft, die ich hinterlassen wollte, war: Das Finanzministerium löst die Angelegenheit innerhalb des Ministeriums und lässt sich nicht durch dramatische Aktionen unter Druck setzen.

Dieser Vorfall bestätigte das, was mir seit einiger Zeit wichtig geworden war: Als Führungskräfte treffen wir in Zeiten der Bedrängnis und unter großem Druck oft unweise Entscheidungen. Durch Gottes Hilfe konnten wir die Angelegenheit von Juan regeln. Ich war dankbar dafür, dass ich nicht die Ruhe und Selbstbeherrschung verloren hatte. Am nächsten Tag konnten wir die Sache auf legalem Weg zu Juans Zufriedenheit regeln. Juan drohte jedoch, er würde wieder auf den Mast klettern, falls ich ihn betrügen sollte!

Je angespannter ich bin, desto ruhiger werde ich. Das war natürlich nicht immer so. Tatsächlich ist es ein langer und zuweilen sehr dorniger Weg gewesen, der sich durch Gefühle des Versagens ergab. Eine Geschichte aus einem einflussreichen internationalen Unternehmen ist mir da eine Hilfe gewesen: Einige Hauptakteure dieses Unternehmens standen vor einer schwerwiegenden Entscheidung, die sie in kürzester Zeit treffen mussten. Sie traten zu einer Besprechung zusammen. Der Vorsitzende begann, über den Kaffee zu plaudern, den sie alle tranken. 35 Minuten lang sprachen sie über die Qualität des Kaffees und die Menge des Zuckers im Kaffee. Und dann sprachen sie weniger als zehn Minuten über die konkret anstehende Frage, und sie konnten gemeinsam eine gute Entscheidung treffen, weil sich inzwischen alle beruhigt hatten.

»Zucker im Kaffee« wurde später bei uns im Finanzministerium zu einem geflügelten Wort. Ich flocht es ins Gespräch, wenn meine Vizeminister und ich eine schwierige Sitzung hatten. Und sie verstanden es, plauderten über nichts sagende Dinge, bis sich alle beruhigt und entspannt hatten.

Ich entdeckte, dass eine hitzige Besprechung nicht an meiner Energie zehren brauchte, wenn ich meine Ziele und meine Strategie fest im Auge behielt. Und ich nahm mir vor, weder mit dem Ton meiner Stimme noch mit meiner Körpersprache verletzend zu werden und zugleich an meinem Standpunkt festzuhalten. Hätte ich dies doch schon früher in meinem Leben entdeckt!

Kapitel 2

Selbstbeherrschung lernen

I ch war in der Schule kein Musterschüler. Wenn ich überhaupt in die jeweils nächste Klasse versetzt wurde, war ich schon zufrieden. Mein Vater wollte immer gute – und strenge – Lehrer für mich haben. Ich war also gezwungen, kreativ zu werden, um möglichst wenig zu tun und doch durchzukommen. Ich hatte einfach kein Interesse an der Schule.

Fahrräder, und später Motorräder, faszinierten mich jedoch ganz außerordentlich. Zudem hatte ich eine Menge Verwandte und Freunde, und gemeinsam mit ihnen etwas zu unternehmen, war mir sehr wichtig. Ich spielte eine stillschweigende Führungsrolle unter meinen Freunden, was mir zuweilen kaum bewusst war. Sie waren gute Leute, aber ich übte oft einen negativen Einfluss auf sie aus.

Einer meiner besten Freunde war der Sohn einer führenden Persönlichkeit in unserer Mennonitenkolonie (des *Oberschulzen*, so eine Art Bürgermeister). Wir waren beide der Ansicht, dass das Leben in Filadelfia langweilig war. Es gab kleine Teiche hinter unserer Schule, die ausgetrocknet waren – ein perfekter Ort, um unsere Motorräder auszuprobieren. Verdorrtes Gebüsch füllte allerdings die ausgetrockneten Teiche. Um ein gutes Gelände für unsere Motorräder zu schaffen, setzten wir den trockenen Strauch eines Tages nach der Schule in Brand. Die ganze Kolonie kam, um sich das anzusehen. Nun war ausgerechnet mein Vater damals für die öffentliche Ordnung in der Kolonie zuständig, er war so etwas wie unser mennonitischer Polizist. Er und seine Mitarbeiter stellten also eine umfangreiche Untersuchung an, um festzustellen, wer das getan hatte. Sie haben es nie herausbekommen. Keiner war es also gewesen, aber es war gefährlich gewesen und wurde zu einem schönen öffentlichen Skandal. Von unseren Eltern hörten wir oft: »Ihr seid zu jung, um gewisse Dinge zu wissen.« Wir (mein Freund und ich) waren uns jedoch darin einig, dass unsere *Eltern* zu jung waren, um »bestimmte Dinge zu wissen ...«

Jeden Sonntag mussten wir zur Kirche gehen. Aber ich war daran nicht sonderlich interessiert, denn was wir dort hauptsächlich zu hören bekamen, war, dass wir still sein sollten. Als wir älter wurden, stellten wir fest, dass es noch mehr Dinge gab, die Spaß machten. Wenn der Gottesdienst begann, ging ich an den hinteren Fenstern vorbei, um zu sehen, wer an dem Sonntag gerade predigte. Somit konnten wir die Fragen unserer Eltern am Mittagstisch beantworten. Wenn sie uns etwas über den Morgengottesdienst fragten, sagten wir meistens: »Wisst ihr, Prediger Soundso ist ziemlich langweilig, deshalb habe ich nicht besonders aufgepasst. Aber er hat über Gott gepredigt ...« Wir erwähnten dann ein oder zwei Sachen, von denen wir wussten, dass dieser Prediger sie garantiert gesagt hatte, denn wir kannten die verschiedenen Prediger und ihre Lieblingsthemen recht gut. Aber wir waren natürlich während des Gottesdienstes draußen herumgefahren. Und weil wir wussten, dass alle Mitarbeiter des Ordnungsdienstes in der Kirche waren, war es auch noch eine gute Gelegenheit, die Geschwindigkeitsbegrenzung von 30 Stundenkilometern ordentlich zu überschreiten.

Die meisten von uns hatten Fräulein Bräul als Lehrerin. Sie war über 60, ledig und sehr streng. Alle hatten Angst vor ihr. Uns schien, dass sie ihren Frust über das Alleinsein an uns Schülern ausließ. Sie hatte ihre Ausbildung in Physik, Mathematik und

Die Schulkameraden mit dem berühmten Fräulein Bräul in der Mitte. Ernst Bergen ist der zweite von rechts, kniend.

Kunst in Russland erhalten. Sie war sehr tüchtig! Mathematik und Kunst waren ihr ganzes Leben.

Meine Zeichnungen und meine Kunst waren ziemlich armselig, und ich suchte nach Möglichkeiten, ihre Aufgaben zu umgehen. Als sie entdeckte, dass ich nur leere Seiten statt fertiger Kunstwerke ablieferte, wurde sie böse, richtig hysterisch! Sie ließ mich in der Klasse aufstehen, und ich wurde grob nach Strich und Faden ausgescholten. »Wie kann jemand mit so einer fleißigen Mutter so ein fauler Kerl sein?«, brüllte sie. Sie hängte meine leeren Seiten im ganzen Klassenzimmer aus, damit alle sie sehen konnten, und setzte mir eine bestimmte Frist, in der ich alle unerledigten Aufgaben nachholen sollte. Die nächste Woche war der äußerste Termin. Aber ich hatte wichtigere Sachen zu tun! Ich musste also eine Lösung finden.

Ich besuchte ihre willfährigsten Schülerinnen und erklärte diesen Mädchen die schwierige Situation, in der ich mich befand.

Ich berief mich dabei auf ihren christlichen Sinn für Barmher-
zigkeit, und sie gaben mir ihre »minderwertigeren« Arbeiten,
denn bei Fräulein Bräul gaben sie nur ihre *perfekten* Arbeiten
ab. Am nächsten Tag kam Fräulein Bräul sofort, um sich meine
Arbeit anzusehen. Ich sah so erschöpft aus wie nur eben möglich. Die Mädchen, deren Arbeiten ich benutzte, zitterten vor
Angst – viel mehr als ich. Frau Bräul schien zufrieden: »Ich
kenne seine Mutter, ich wusste, was er konnte!«

Ein derartiges Benehmen in der Schule trug mir ein nicht
sehr ermutigendes Zeugnis ein. Es war nicht sicher, ob ich in die
zehnte Klasse versetzt würde. Meine Zukunft in der Sekundar-
schule sah folglich nicht gerade verheißungsvoll aus. Alles, was
mit Technik zu tun hatte, faszinierte mich viel mehr. Ich hatte
zwei Motorräder vollständig überholt, und dadurch wurde ich
für andere junge Leute interessant. Ich wollte auch eine hübsche
Freundin haben, aber ich war mir nicht sicher, ob ich sie wirklich im Chaco finden würde ...

Zu jener Zeit waren Motorrad-Rallyes ziemlich beliebt. Meine
Eltern ließen mich jedoch nicht daran teilnehmen. Deshalb spezialisierte ich mich darauf, die Motorräder zu frisieren, damit
sie schneller fuhren. Und die Fahrer mit »meinen« Motorrädern
gewannen oft ... Meine Freunde hatten die schnellsten Maschinen, weil ich sie für Höchstleistungen präpariert hatte. Und sie
waren sehr begabte Fahrer. Natürlich, deshalb waren sie ja auch
meine Freunde!

Einen Tag vor einem großen Rennen probierten wir unsere
Motorräder aus. Wir waren aufs Höchste gespannt, überschrit-
ten die Geschwindigkeitsbegrenzung bei weitem, und mein
Vater, der mennonitische Polizist, erwischte und bestrafte uns.
Meine jungen Freunde, die gegen Profis antraten, gewannen an
jenem Tag jedoch mit den Maschinen, die ich präpariert hatte.
Dafür wurden wir von den jungen Leuten der Kolonie, die gerne
am Rande des Gesetzes lebten, respektiert.

Zu der Zeit bemühte ich mich um ein Mädchen, das allerdings
sehr fromm war, und geriet in einen schweren Konflikt. Meine

Ernst Bergens (links) große Liebe: Motorräder.

Schulnoten waren miserabel, mein gesellschaftliches Leben war chaotisch, und ich war in ein Mädchen verliebt, das eine ernsthafte Christin war.

Die Technische Schule in Caacupé, Ost-Paraguay, war eine Schule für landwirtschaftliche Ingenieure unter der Schirmherrschaft der Schweiz. Sie wurde mit einer fast militärischen Disziplin geführt. Tatsächlich konnten die Schüler ihren Militärdienst durch den Besuch dieser Schule leisten.

Es war allgemein nicht üblich – ja, es war sogar äußerst ungewöhnlich –, dass mennonitische Jugendliche mit 16 Jahren aus dem Haus gingen. Es war folglich ziemlich schwer, meine Eltern davon zu überzeugen, mich mit 16 Jahren nach Caacupé gehen zu lassen. Ich war glücklich, aber mein Leben war außer Rand und Band. Meine Mutter weinte vor Verzweiflung und Sorge um mich. Mein Vater sagte: »Was immer du tun magst, du bleibst unser Sohn und bist uns immer willkommen.«

Mein Vater fuhr mit mir zur Schule, eine Busfahrt von über 600 Kilometern, zum größten Teil über einfachste Erdpisten. Der Ort hatte praktisch überhaupt keine Verbindung zur Außenwelt. Das Schulpersonal brachte mich zum Schlafsaal – ein Raum für 30 Jungen, alles Schlafkojen nach militärischer Art, mit wenig persönlicher Freiheit. Ich war der einzige Mennonit. Ich sprach deutsch, und ich konnte nicht gut Spanisch. Meine Kultur und meine Gewohnheiten waren ganz anders.

Dabei hatte ich auch meine Gewohnheit mitgebracht, die Dinge so durchzusetzen, wie ich sie haben wollte. Meine Klassenkameraden hatten kein Interesse an einem Mennoniten, der ihnen sagen wollte, was sie zu tun hatten. Ich hatte mich sehr bald mit den meisten zerstritten. Ich war impulsiv, und sie hatten ihren Spaß daran, mich zu provozieren. Am Kopfende meines Bettes befand sich der Kopf eines sehr großen Jungen, der sich immer über mich lustig machte. An einem Abend, etwa um 22.30 Uhr, nachdem er mich so geärgert hatte, dass ich ganz wütend wurde, ergriff ich seinen Hals und würgte ihn mit aller Kraft. Der Bursche wurde ganz schlapp. Im Schlafzimmer wurde es still. Ich lockerte meinen Griff um den Hals. Doch wir waren uns plötzlich nicht sicher, ob er überhaupt noch lebte. Die Situation war außer Kontrolle geraten. Etwa fünf bis zehn Minuten lang atmete er eigentlich nicht, er machte nur sonderbare Geräusche. Dann kam er wieder zu sich. »Ich hoffe, dass du jetzt verstanden hast, was ich meine«, sagte ich schließlich in meinem schlechten Spanisch. Keiner der 30 Jungen sagte irgend etwas. In dieser ganzen Nacht habe ich nicht geschlafen. Ich hatte Angst, sie würden mich umbringen. Ich wünschte nur, dass ich am nächsten Morgen lebendig aufwachen würde. Doch nach dieser Nacht sahen die Leute mich anders an. Ich hatte mir einigen Respekt verschafft.

Aber das interkulturelle Leben fiel mir schwer. Ich begann, an eine Rückkehr in den Chaco zu denken. Aber ich wusste auch, dass ein Zurückkommen nach Versagen aussehen würde. Ich verglich weiter meine Kultur eines deutschen Immigranten

Ernst Bergen (links) trägt die Fahne – als zweitbester Absolvent seines Jahrgangs an der Technischen Schule von Caacupé.

mit der paraguayischen Kultur. Ich konnte nicht sagen, welche besser war, obwohl meine Mutter eine glänzende Köchin ist und wir in Caacupé nur zwei *Galletas* (trockener Schiffszwieback) und *Cocido* (Yerba-Tee) zum Frühstück bekamen. Das war ein Frühstück für arme Leute.

Im Nachhinein erwies es sich als glücklicher Umstand, dass ich die paraguayische Kultur im Alter von 16 Jahren kennen und schätzen lernte. Das Erlebnis dieses drastischen Kulturschocks brachte mich dazu, über meinen Glauben und meine Beziehung zu Gott nachzudenken. Dieser Prozess brachte mich schließlich dazu, eine persönliche Beziehung zu Gott zu suchen und einzugehen.

Zweieinhalb Jahre später schloss ich das theoretische Studium ab, und ging zurück in die Kolonie, um dort eine Praktikantenzeit als Lehrer zu absolvieren. Mir wurde eine Stelle als Lehrer an der angesehenen Berufsschule in Loma Plata angeboten. Es war komisch, dass ich auf diese Art dort zum Ausbilder meiner früheren Freunde wurde. Sie hielten mich für einen tollen Kerl!

Als ich mein Praktikum nach sechs Monaten beendete, lud die Schulverwaltung mich ein, nach Abschluss meiner Ausbildung ganz als Lehrer zurückzukommen. Die Abschlussprüfung in Caacupé bestand ich dann als Zweitbester von 28 Schülern. Das Wichtigste jedoch, was ich dort gelernt habe – und was mir in meinem Leben dann viel geholfen hat –, war der *poder de contención,* ein inzwischen sehr geläufiger Ausdruck in der paraguayischen Politik. Es ist die Kraft der Selbstbeherrschung, der Selbstdisziplin, die nicht zulässt, dass meine Gefühle mit mir durchgehen.

Als das Ende meiner Zeit in Caacupé näher rückte, lernte ich eine wunderbare Familie in Asunción kennen, besonders deren Tochter ... Plötzlich war ich gar nicht mehr an Loma Plata interessiert und auch nicht an der Anstellung, die man mir angeboten hatte. Stattdessen wollte ich lieber nach Asunción gehen. Ich musste also eine Möglichkeit finden, meine Lehrverpflichtungen im Chaco loszuwerden. Da die Kolonien miteinander wetteifern, wollte man mich sogar zum Direktor der Berufsschule in Loma Plata machen. Diese Schule wird von den drei Chaco-Kolonien gemeinsam unterhalten.

Ich hatte versprochen, dass ich zurückkommen würde, um dort zu unterrichten. Nun beschloss ich, darauf zu bestehen, nicht die Verantwortung für das Internat zu übernehmen. Die Schulverwaltung erwartete von den Lehrern stets, dass sie auch das Internat beaufsichtigten. Ich dachte, wenn ich nicht die Verantwortung für das Internat übernähme, würde man mich möglicherweise von beiden Verpflichtungen befreien.

Der Vorsitzende des *Oberschulzenrates* der drei Chaco-Kolonien rief mich in sein Büro und sagte mir, dass ich nun zurückkommen und das Internat als Teil meiner Anstellung übernehmen müsste. Ich war bereit, das zu halten, was ich versprochen hatte – aber nicht mehr. Er drohte, dass meine Absage sich negativ auf meine Berufslaufbahn auswirken würde. (Das berichtete mir dann der Onkel meiner späteren Frau Lucy, der damals *Oberschulze* war.) Ich zog es trotzdem vor, nach Asunción zu gehen. Zudem hatte ich beschlossen, an der Columbia-Universität in Asunción Betriebswirtschaft zu studieren.

Ich rief Walter Neufeld an, einen guten Freund, der dort an einer Bibelschule studierte und verrückt genug war, und bat ihn, mich in der Universität immatrikulieren zu lassen. Er brachte mein Sekundarschulzeugnis zur Registrierstelle. Schnell wurde klar, dass ich meine humanistische Sekundarschulbildung nicht abgeschlossen und stattdessen eine technische Schule besucht hatte. Ich bat Walter, er sollte die Universität davon überzeugen, dass meine technische Ausbildung genauso gut war wie eine humanistische Bildung.

Walter brachte es tatsächlich fertig, mich einzuschreiben, indem er die Leute davon überzeugte, dass es »für die Universität von großem Nutzen wäre, Ernst als Student zu haben«. Sie sollten sich diese Gelegenheit nicht entgehen lassen!

»Freundschaft ist zuweilen wichtiger als die ganze Wahrheit«, sagte Walter mir. Er hatte sein ganzes rhetorisches Repertoire eingesetzt, um sie davon zu überzeugen, dass ich ein hoch erwünschter Lehrer und natürlich auch ein vielbegehrter Student sei ...

Kapitel 3

Auf meine Art

M eine Mutter Herta Bergen, geborene Schmidt, sagte oft: »Jungs, wartet nicht darauf, dass euch alles vom Himmel in den Schoß fallen wird. Ihr müsst euch selbst anstrengen. Ihr müsst euren Teil dazu beitragen.«

Von meinem Vater lernte ich, dass unser Bankkonto auf Erden nicht so wichtig ist wie das, was man im Himmel deponiert hat. Meine Eltern sind beide Krankenpfleger. Sie verdienten nicht viel, und deshalb hatten sie daneben noch eine Kuhherde zum Unterhalt der Familie.

Wir lebten in Filadelfia, das in den 1960er und 1970er Jahren, als ich aufwuchs, ein kleines Dorf war. Es ist das Zentrum der Kolonie Fernheim und liegt im nordwestlichen Teil Paraguays im Chaco. Die Kühe weideten außerhalb von Filadelfia. Wir Jungs trieben sie zum Melken ins Städtchen. Die Kühe brachten uns mehr Einkommen als die Krankenhaus-Gehälter meiner Eltern.

Das Konto meiner Eltern in der *Kooperative* (Genossenschaft) der Kolonie war gewöhnlich überzogen. Meine Brüder und ich hatten einen direkten Zugang zu diesem Konto in der Genossenschaft, die mit einem internen Kredit arbeitete, so dass wir wahllos einkaufen konnten. Meine Eltern waren großzügig.

Ernst Bergens Eltern: Ernst und Horst Bergen
Herta und Heinrich Bergen.   (von rechts).

Sie rechneten nicht mit jedem Pfennig. Wir jungen Leute lebten damals also ganz gut!

»Was du säst, wirst du ernten«, pflegte meine Mutter zu sagen. Und: »Wenn du etwas im Leben erreichen willst, musst du dich auf dich selbst verlassen.« Meine Mutter ist die arbeitsamste Frau, die ich kenne. Sie hat in uns den Grundsatz geprägt, dass man ohne Anstrengung nichts erreicht.

Sie lehrte uns beten, und sie führte uns in den christlichen Glauben ein. Sie war ganz davon überzeugt, dass wir unseren Teil tun müssten, und dass Gott seinen Teil tun würde. »Wenn ihr Erfolg habt, dann nur, weil Gott gnädig gewesen ist.« Sie glaubt das noch immer. Wenn die Leute sie in den letzten Jahren fragten: »Was hast du getan, dass eure Jungen so wunderbare Frauen gefunden haben?« sagte sie: »Das ist Gottes Gnade. Wir haben nichts dafür getan.«

Herta und Heinrich Bergen mit
(von links) Ernst Ferdinand,
Helmut Dieter und Horst Uwe.

Mein Vater hat ein großes Herz für andere. Als er jung war, riskierte er sein Leben, weil er Freundschaft mit den Ayoreos schließen wollte, einer Indianergruppe, die den ganzen zentralen Chaco in den 1950er Jahren terrorisierte. Männer einer US-amerikanischen Ölgesellschaft hatten auf sie geschossen, und als zwei ortsansässige mennonitische Missionare zusammen mit zwei Christen aus dem Stamm der Lenguas hinausgingen und ihnen Geschenke brachten, wurde einer von ihnen von den Ayoreos getötet. Mein Vater zog hinaus, um sich mit ihnen anzufreunden.

Ganz eindeutig hatte mein Vater eine besondere Liebe für die Ayoreos. Als ich jung war, lebte häufig eine Ayoreo-Familie mit auf unserem Hof. Ich habe oft *armadillos* (Gürteltiere) mit ihnen gegessen. Mein Vater besuchte einen Kurs, um ihre Sprache zu lernen.

Mein Vater war der erste Freiwillige des »Mennonitischen Christlichen Dienstes«, einer Freiwilligenorganisation für den ehrenamtlichen Dienst an den Ärmsten der Armen in ganz Paraguay. Er arbeitete in einer staatlichen neuropsychiatrischen Einrichtung in Asunción, einem schrecklichen Ort, und setzte dort sein Leben aufs Spiel.

Ich erkenne, wie Gott hier ein Vorbild schuf. Mein Vater fühlte sich als junger, allein stehender Mann berufen, als Krankenpfleger in dieser Klinik zu arbeiten. Mein Bruder Horst Uwe arbeitete dann als Teil seiner Ausbildung zum Psychiater mehrere Jahre als Assistenzarzt in demselben neuropsychiatrischen

Zentrum. Und viele Jahre später fühlte sich meine Frau Lucy zusammen mit der Gattin des Staatspräsidenten von Gott berufen, psychisch schwer erkrankten Menschen in ihrer Wohltätigkeitsarbeit den höchsten Vorrang zu geben, und dies wieder in demselben Krankenhaus.

Mein Vater hat sein Leben für andere investiert. Dienen war für ihn das Wichtigste. Meine Mutter klagte oft über ihn. »Wenn er zwei Paar Hosen hat«, pflegte sie zu sagen, »und ein Indianer kommt vorbei ohne Hosen, dann gibt Vati ihm ein Paar. Wie kann er so etwas machen?«

Meine Mutter stammt aus einer Familie, die gut Geld verdienen konnte. Ihre Geschwister haben es zu einem ansehnlichen Wohlstand in der mennonitischen Gemeinschaft gebracht. Und auch sie wusste, wie man Geld macht. Sie sparte tatsächlich Geld für die Eröffnung einer Apotheke zusammen. Und nun sorgte mein Vater dafür, dass andere von ihrem Verdienst profitierten! Und so kam sie niemals zu dem gleichen Wohlstand wie ihre Familie.

Aber in den letzten Jahren sagte sie: »Ich kann es nicht verstehen, dass wir so ein gutes Leben haben. Wir haben nicht viel, aber wir haben ein gutes Leben. Wir haben mehr, als wir verdienen, und wir sind sehr glücklich.« Da mein Bruder Horst, den wir »Holly« nennen, und ich beide viele Stunden entfernt in Asunción leben, bin ich dankbar, dass unser jüngster Bruder Helmut Dieter in der Nähe unserer Eltern in Filadelfia lebt.

Kürzlich rief mein Vater mich wieder einmal an, um sich Geld bei mir zu leihen. Ich wollte seinen Stolz nicht verletzen, deshalb sagte ich: »Ich werde es dir leihen, aber nur unter der Bedingung, dass du mir nicht auch noch Zinsen zahlst.« Als der Tag näher rückte, an dem das Geld zurückgezahlt werden sollte, meinte er: »Da ist noch immer ein Stück von unserem Land in der Nähe deines Grundstücks ...« Ich antwortete: »Gut, ich nehme das Land an Stelle des Geldes.« Ich habe den Verdacht, dass er das Geld verschenkt hat, aber ich habe nicht nachgefragt ...

Ich hatte eine stabile Kindheit. Meine Eltern waren für mich eine Inspiration. Was ich heute bin, habe ich zum größten Teil meiner Familie zu verdanken. Sie sind ein Teil meiner »Wolke von Zeugen« einschließlich meines Bruders Horst. Er ist Prediger in unserer Gemeinde, was ihn zuweilen in unangenehme Situationen gebracht hat, besonders, als ich Mitglied der Regierung wurde. Aber Holly und seine Frau Norma sind zwei meiner besten Freunde. Sie kennen mich – und sie sagen mir die Wahrheit.

Im März 1983 fing ich an, Abendkurse an der Columbia-Universität zu belegen und tagsüber bei *Record Electric* zu arbeiten, einer bedeutenden Elektrofirma in Asunción. Ich hatte das Gefühl, durchaus etwas bieten zu können. Schließlich hatte ich ja in der Berufsschule in Caacupé gut abgeschnitten, und ich war als Lehrer in den mennonitischen Kolonien begehrt. Aber Record Electric brachte mich in eine Krise: Ich musste ganz neu von unten anfangen. Ich wurde der Putzjunge in der Serviceabteilung. Record Electric war gerade dabei, sich gesund zu schrumpfen und die Bestände auszuverkaufen, weil der Inhaber nach Kanada auswanderte.

Parallel hatte ich inzwischen angefangen, ein eigenes Geschäft aufzubauen, und ich stellte einen Freund an, der es für mich führen sollte. Wir kauften Ersatzteile für Fahrzeuge und lieferten sie an den Betrieb von Walter Stahl im weit entfernten Filadelfia. Ich verdiente damit viel mehr als bei Record Electric. Deshalb beschloss ich, nicht weiter als Mechaniker zu arbeiten, sondern im Handel, denn das war offenbar ein lukrativeres Geschäft.

Als der Inhaber sich aus Record Electric zurückzog, setzte er einen Geschäftsführer ein. Dieser neue Mann beschloss, an einem anderen Standort in Asunción eine Filiale zu eröffnen, und fragte mich, ob ich ihre Leitung übernehmen würde. Ich wurde also Filialleiter. Der Betrieb lief gut und wurde bald so erfolgreich, dass wir mit dem Stammhaus wetteiferten. Dann rief mich der Geschäftsführer an und bat mich, Verkaufsleiter der ganzen Gesellschaft zu werden. Ich nahm das Angebot an und verlegte mein Büro zurück in den Hauptsitz der Firma.

Zum ersten Mal sollte ich nun Angestellten zu einer neuen Sicht verhelfen. Sie hatten bis dahin alle einfach gemütlich weitergearbeitet wie bisher. Aber die Betriebsausstattung war vollständig veraltet. Als ich nach einer Bestandsaufnahme der vorrätigen Motoren fragte, um die Dinge neu zu ordnen, meinte der Lagerleiter frech, ich sollte doch selbst gehen und sie zählen. Als ich Einspruch erhob, wurde er so böse, dass er mich mit dem Messer bedrohte, weil ich den gewohnten Geschäftsgang der Firma in Frage stellte. In den folgenden Monaten sagte mir dieser ältere Mitarbeiter: »Denk dran: Ich habe in meinem Leben weniger zu verlieren als du ...« Ich begriff, dass ich mehr über Menschenführung wissen musste. Und mir wurde klar, dass ich selbst ein Teil des Problems war.

Das war der Augenblick, in dem mir die Bedeutung von Leitung klar wurde. Ich besuchte unter anderem mehrere Dale-Carnegie-Kurse über zwischenmenschliche Beziehungen. Diese Stunden und das, was ich während der Arbeit lernte, halfen mir, in dieser Firma so erfolgreich zu sein, dass andere Firmen mich abwerben wollten. Ich lernte mehr über Selbstbeherrschung und entdeckte, dass es zuweilen Ungerechtigkeiten gibt, die ich nicht verhindern kann. Im Laufe der Zeit ließ ich den Besitzer von Record Electric wissen, dass es für mich nicht gerade reizvoll sei, so schwer zu arbeiten, nur damit er immer reicher würde. Ich sagte ihm, es würde mich viel mehr motivieren, wenn ich selbst auch Unternehmer wäre. Und so wurde ich schließlich Minderheitsgesellschafter.

In derselben Zeit, während ich in dieser Firma arbeitete, tat ich mein Bestes, um Lucy Giesbrecht davon zu überzeugen, mich zu heiraten. Das hat mich einige Mühe gekostet.

Im Alter von 16 Jahren hatte ich die geschlossene mennonitische Gemeinschaft in den Kolonien verlassen. Nach der Ausbildung in Caacupé hatte ich mich ohne viel Vorbereitung in die

Großstadt Asunción gewagt. Damals war ich ein richtiger Abenteurer und alles andere als heilig. Ich wollte eine Freundin mit dem gleichen Charakter und demselben Lebensstil wie ich.

Aber nun hatte ich mich ausgerechnet in das andere Extrem verliebt, in eine »Nonne«. Lucy benahm sich immer sehr zurückhaltend, und sie hatte, wie mir schien, ganz unmöglich hohe Maßstäbe. Ein ganzes Jahr lang ließ sie sich nicht von mir küssen! Darunter litt ich zutiefst, und ich konnte es nicht einmal meinen Freunden sagen, denn sie hätten mich ausgelacht. Keiner konnte sie erobern, sie war unnahbar. Aber sie gefiel mir so, wie sie war. Bei ihr fühlte ich mich sicher. Sie war ein sehr zuverlässiger Mensch.

Lucy lernte Krankenschwester. Nach dieser Ausbildung wollte sie an die Medizinische Fakultät *und dann vielleicht* heiraten. Ich wollte das Hochzeitsdatum jedoch möglichst weit vorziehen. Deshalb wandte ich mich an einen weisen Prediger. Natürlich traf ich dabei eine sehr sorgfältige Auswahl aus dem Angebot von Predigern in unserer Gemeinde ... Er meinte, wenn junge Leute weit ab von ihren Eltern lebten und sich regelmäßig trafen, sollten sie so bald wie möglich heiraten. Das war natürlich Wasser auf meine Mühlen!

Ich habe in meinem Leben nicht oft so inständig gebetet. Der Prediger, der Herr und ich überzeugten Lucy schließlich, tatsächlich bald zu heiraten. Aber Lucy hatte zwei Bedingungen: Erstens dass sie ihre Schwesternausbildung abschließen konnte und zweitens, dass sie eine Waschmaschine bekam. 1986 war eine solche Waschmaschine in Paraguay noch wahrer Luxus.

Während der Tag unserer Hochzeit immer näher rückte, riet der weise Prediger mir: Unterstütze alles, was deine Braut gerne haben möchte. Sorge dafür, dass sie glücklich ist. Ich bemühe mich bis heute sehr darum ...!

Wir heirateten am 1. Februar 1986. Ich erfüllte Lucys zwei Bedingungen. Sie blieb weitere drei Jahre an der Schwesternschule, und sie bekam ihre Waschmaschine. Und ich habe nie die Worte unseres Predigers vergessen. Jeder, der etwas mit der

Stiftung der ehemaligen First Lady zu tun hat, in der Lucy die Vizevorsitzende ist, wird bezeugen können, dass ich mich ständig um das Glück meiner Frau bemühe!

Ich hatte eine wunderbare Frau gefunden und es erfüllte mich, Geschäftsmann zu sein. Ich war aber immer noch ein Halbwüchsiger, wenn es um Respekt und den Umgang mit anderen Menschen ging.

Lucys Vater Jakob Giesbrecht war recht erfolgreich im Holz- und Immobiliengeschäft. Ja, er wurde sogar einmal Oberschulze der Kolonie Fernheim im Chaco.

Hochzeit von Ernst und Lucy Bergen am 1. Februar 1986.

Meine geliebten Schwiegereltern hatten ein schönes Haus in Asunción. Es stand leer, während unsere Hochzeit näher rückte, da sie zu dieser Zeit im Chaco lebten. Ich ging davon aus, dass Lucy und ich in ihrem Haus in Asunción wohnen würden. Aber als Lucy und ich ihre Eltern eines Abends besuchten, sagte ihr Vater, er hätte das Haus soeben vermietet. Ich fiel fast vom Stuhl: Wie konnte er so etwas machen?

Ich hatte gedacht, wir würden das Haus wahrscheinlich als Hochzeitsgeschenk bekommen. Stattdessen schenkte er uns 500 US-Dollar. Das war's. Da merkte ich, dass die Giesbrechts mir ihre Tochter gegeben hatten – aber ihr Vermögen gehörte nach wie vor ihnen. Ich sollte lernen, meinen eigenen Lebensunterhalt zu verdienen. Immer wenn mein Schwiegervater mir Geld lieh, musste ich die gleichen Zinsen zahlen wie jeder andere auch. Ich habe viel von ihm gelernt, und er ist für mich als Unternehmer ein guter Freund, ein Vorbild und Ratgeber geworden.

Kapitel 4

Das Ziel eines Unternehmers

Nachdem mir die Bedeutung einer soliden Geschäftsführung sowie sozialer Kompetenz einmal klar geworden war, beschäftigte ich mich weiter damit, wie man eine Firma leitet – und wachsen lässt.

Record Electric lief gut, aber die Firma hatte eine Betriebsführung geerbt, die nicht legal war. Es gab eine doppelte Buchführung, was in Paraguay nichts Ungewöhnliches ist, denn dies galt als einzige Überlebenschance.

Ich arbeitete mich in der Firma hoch. Als ich fast Vizepräsident und mittlerweile ein einflussreicher Gesellschafter war, hatte ich wegen dieser Angelegenheit einen langen inneren Kampf. Schließlich kam ich zu dem Schluss, das bestehende System der doppelten Buchführung abrupt zu beenden. Meine Entscheidung lag ganz außerhalb des Gewohnten in unserem Land. Aber im Vertrauen auf Gott beschloss ich, es so zu machen – und tat es dann auch. Ich musste zunächst die anderen Gesellschafter davon überzeugen, und sie waren einverstanden. Seitdem haben wir immer legal gearbeitet. Meine Mitgesellschafter sahen ein, dass sie zu gegebener Zeit ebenfalls diese Änderung vornehmen müssten, aber um es wirklich zu tun, war eine mutige Führung unumgänglich. Es bedeutete, dass wir weniger verdienten. Ich hätte diese Entscheidung auch dann getroffen, wenn die Firma dadurch eingegangen wäre. Mir war längst bewusst geworden, dass unser Verhalten nicht immer richtig gewesen war. Doch nun begann ich zu begreifen, dass es nicht das Wichtigste ist, der reichste Mann auf dem Friedhof zu sein.

Mein Gewissen ist von klein auf in unserer Familie und in der christlichen Gemeinde geprägt worden. Etwa um die Zeit, als ich mich mit der radikalen Abschaffung der doppelten Buchführung beschäftigte, stockte ich mein Engagement im Missionskomitee unserer Gemeinde auf, insbesondere für die Gefängnisarbeit. Hier engagierte ich mich zunehmend. Ich lernte dort feine Menschen kennen, die an einem bestimmten Zeitpunkt ihres Lebens Fehler begangen hatten. Mir wurde klar, dass ich selbst auch solche Fehler gemacht haben könnte. Meine Arbeit mit den Häftlingen verstärkte meinen Entschluss, in der Firma das zu tun, was ich für richtig hielt.

Mit Lucy konnte ich über all diese Dinge sprechen. Sie weiß genau, wann man reden und wann man schweigen sollte. Und sie stellt die richtigen Fragen. Unsere Gespräche – und ihre Kraft – haben mir viel geholfen.

Während mein Interesse an unternehmerischen Aktivitäten zunahm, setze ich mir als einzige Grenze, mich nie auf eine Unternehmung einzulassen, das gesundheitsschädigend sein könnte. Bei meinen Überlegungen, ob ich in ein neues Geschäft einsteigen sollte oder nicht, prüfte ich erst einmal, ob die Person, die mich als Partner haben wollte, in der Lage war, die Firma erfolgreich zu führen. Manchmal waren es meine Angestellten oder Freunde, einige hatten einen Traum und baten mich, mitzumachen. Hin und wieder ging die Initiative auch von mir aus. Gewöhnlich wurden wir Partner, weil die anderen mehr als nur eine Investition von mir erwarteten. Sie wollten meine Erfahrung und meinen Rat.

Manchmal war ich der größte Investor. Es ging mir aber selten darum, der größte Gesellschafter zu sein. Deshalb lieh ich anderen Geld zum Investieren oder Erhöhen ihrer Investition.

Das tat ich, um die jeweilige Unternehmensleitung zu größerer Einsatzbereitschaft zu motivieren und um ihnen zu zeigen, dass ich ihnen vertraute. Diese Strategie hat sich gut bewährt. Heute ist eine dieser Firmen größer als meine ursprüngliche Firma Record Electric. Bei all diesen Unternehmen war ich beim Start behilflich. Ich habe die Struktur um die Person herum aufgebaut, die das Geschäft führen sollte; die Person, von der ich glaubte, dass sie es könnte. Ich habe nie mit einer Marktanalyse angefangen, sondern mit dem Menschen, der meines Erachtens den Betrieb führen konnte.

In den letzten vier Jahren, als ich schon in der Regierung war, habe ich mich aus dem Geschäftsleben zurückgezogen. Vorher hatte ich auch nicht viel mit dem operativen Tagesgeschäft zu tun, war aber sehr eng mit der strategischen Planung betraut. Ich beriet die Führungskräfte, die die Strategien umsetzen sollten. Für diese Beratung habe ich keine Honorare erhalten.

In den letzten Jahren habe ich daran gearbeitet, in jedem Betrieb einen professionellen Vorstand einzurichten. Ich wollte Gesellschafter bleiben, aber das operative Geschäft sollte ein Vorstand überwachen.

Es ist mir eine Genugtuung, zu sehen, wie Menschen wachsen und Fortschritte machen. Und ich habe als Gesellschafter und Aktionär immer gut verdient, und das macht Spaß. Gott hat mir offenbar die Gabe gegeben, Unternehmer zu begleiten.

Nebenbei habe ich mir vorgenommen, in Firmen, denen ich beim Aufbau geholfen habe, nur mit christlichen Führungskräften zu arbeiten. Ich glaube, dass Gott mich darin geführt hat, aber freilich können andere sich in dieser Frage durchaus anders entscheiden. Natürlich habe ich auch Freunde mit anderen Überzeugungen. Ich war an verschiedenen Firmen beteiligt, deren Inhaber und Gesellschafter nicht Christen waren. Als ich mich dann entschied, mich direkt nur noch an Firmen zu beteiligen, die von Christen geführt wurden, musste ich meinen Anteil an einem Unternehmen abgeben. Ich konnte meine Aktien gerade nicht verkaufen, weil die Firma durch schwere Zeiten ging. Also sprach ich mit mehreren anderen Aktionären und fragte sie, ob sie meine Aktien als Geschenk annehmen würden. Damit waren sie einverstanden. Seitdem bin ich trotz äußerst attraktiver Angebote nicht mehr Aktionär oder Gesellschafter einer Firma geworden, in der die Mehrheitsaktionäre, die einen direkten Einfluss auf den Betrieb haben, keine Christen sind.

Andererseits kaufe ich auch Aktien, die öffentlich an der Börse gehandelt werden, vorausgesetzt, die betreffenden Firmen schädigen weder Gesundheit noch Umwelt.

Im Jahr 2002 wurde Record Electric von den christlichen Geschäftsleuten der römisch-katholischen Kirche Paraguays als landesweite Musterfirma ausgezeichnet. Das war eine wirkliche Ehre für die Firma und für mich persönlich. Ich war allerdings längst nicht immer ein ruhiger und besonnener Unternehmer und Gesellschafter.

Währenddessen startete ich weitere Unternehmen, und stand bald unter einem zu großen Stress. Daher besuchte ich wieder einmal einen meiner Mentoren, Vicente Donini aus Jaragua do Sul, Brasilien. Er ist einer der erfolgreichsten Geschäftsleute Brasiliens. Ich war zeitlich und emotional überlastet, weil ich zu viel zu tun versuchte. Vicente saß gemütlich in seinem Büro, als ich eintraf. Er – Chef von Tausenden von Angestellten – nahm sich einen ganzen Tag Zeit, um mir entspannt zuzuhören. Er machte mit mir auch einen Rundgang durch seine Fabrik. Seine Angestellten begrüßten ihn mit einem Lächeln. Es herrschte ein ruhiges und entspanntes Betriebsklima.

Ich hatte gehofft, er würde mir eine ganze Reihe praktischer Ratschläge geben. Stattdessen sagte er: »Du solltest an einem Seminar teilnehmen, das von der Stiftung Don Cabral durchgeführt wird; eine Woche hier in Brasilien und danach drei Wochen in den USA.« Das schien mir völlig unmöglich. In dieser Zeit würde meine Firma bestimmt zusammen brechen. Ich war entsprechend niedergeschlagen, als ich ging.

Dann kehrte ich die etwa 190 Kilometer zurück an den wunderschönen Strand von Camboriu in Brasilien, wo Lucy auf mich wartete. Sie wollte natürlich gerne wissen, was der weise Mann gesagt hatte. Ich meinte: »Dieser Kerl ist verrückt! Seine Ratschläge kommen ganz und gar nicht in Frage. Aber trotzdem treiben sie mich um ...« Lucy sagte sofort: »Mach das! Besuch dieses Seminar. Das ist eine großartige Idee!« Jetzt wurde ich also schon von zwei verrückten Leuten bearbeitet ...

Mir war tatsächlich klar, dass ich meine Geschäfte nicht lange auf diese Art weiterführen konnte. Ich überlegte also: Wenn ich meine Firmen sowieso bald verliere, weil ich erschöpft und ausgebrannt bin, was habe ich dann überhaupt noch zu verlieren, wenn ich jetzt an diesem Kurs teilnehme?

Trotz meiner beruflichen Erfolge musste ich zunächst einen Aufnahmetest absolvieren. Prompt fiel ich durch. Der Prüfer meinte freundlich: »An diesem Seminar können Sie leider nicht teilnehmen. Aber ich könnte Ihnen einen Kurs für kleinere Unternehmen anbieten.« Das war ein harter Schlag für mich. Ich wollte schon das Handtuch werfen, meldete mich dann aber doch für einen vierwöchigen Lehrgang über »Marketing und Personalführung« an. Die Stiftung Don Cabral ist immerhin eines der führenden Beratungsinstitute für Führungskräfte in Brasilien.

In der ersten Woche wurden alle Teilnehmer auf dasselbe Niveau gebracht. Wir bekamen Lesestoff für zwei Monate. Der nächste Schritt war eine intensive dreiwöchige Schulung an der Kellogg-Stiftung in Chicago. Das erste, was mir auffiel, war die Tatsache, dass meine Firmen selbst innerhalb dieser Gruppe bei weitem nicht die bedeutendsten waren. Ich lernte Leute mit viel größeren Betrieben kennen, die ihr Leben entspannt genossen. Ich merkte, wie außerordentlich unwissend ich war. Allmählich begriff ich, wie wichtig es ist, gute, qualifizierte Leute um mich zu haben, die das können, was ich nicht kann.

Nach meiner Rückkehr rief ich die Leiter der Firmen zusammen, an denen ich beteiligt war, um ihnen weiterzugeben, was ich gerade gelernt hatte. Zuerst beschwerten sie sich über die Landesregierung – was ganz typisch für uns alle ist. Ich sagte

Begrüßung eines Geschäftspartners in China.

ihnen: »Wir Geschäftsleute profitieren doch *am meisten* von unserer schwachen Regierung. In unserem Land gibt es keine ausländischen Investoren. Und nur deshalb können wir es uns leisten, zweitklassig, träge und faul zu sein.«

Einige meiner Zuhörer erschraken ein wenig. Doch dann beschlossen wir gemeinsam, dass alle unsere Firmen sich an dem sehr erfolgreichen Schulungsprogramm *Partners for Excellence* (PAEX) beteiligen sollten, das von der Stiftung Don Cabral gesponsert wird. PAEX trainiert zunächst Führungskräfte und bietet dann auch dem gesamten Personal Schulungen an.

Wir begannen also mit einem Seminar für die leitenden Angestellten. Es ging dabei um die grundsätzliche Art, Geschäfte zu machen. Das waren die ersten Schritte dabei, uns an professionellen Maßstäben zu orientieren und uns auf internationalem Parkett zu bewegen. Wir wandten zunehmend internationale Richtlinien für unsere Betriebsführung an, was für paraguayische Unternehmen enorm wichtig ist, wenn sie im eigenen Land Erfolg haben und Geschäfte im Ausland machen wollen.

Ich hatte also viel über die professionelle Führung meiner Firmen gelernt. Und ich wollte, dass auch meine Geschäftspartner redlich arbeiteten. Dabei hatte ich eine große Frage auf dem Herzen: Ich war an größeren Unternehmen beteiligt, aber ich fühlte mich unfähig, diesen Herausforderungen wirklich gerecht zu werden. Warum, so fragte ich mich immer wieder, habe ich diese Geschäfte eigentlich? Sie galten zwar als Musterfirmen, aber in meinem Inneren nagte die Frage: Wozu sind diese Gesellschaften eigentlich da? Welchen Zweck erfüllen sie? Ich suchte nach einer einfachen Erklärung dafür.

Schließlich, nach einer Gebetszeit und nachdem ich Rat von mehreren Leuten eingeholt hatte, gelangte ich zu einer Begründung für mein Unternehmerdasein: »Zusammen wachsen, um zu dienen« (*Crecer Juntos Para Servir*). Wir verbanden diesen Slogan sofort mit Record Electric. Wo immer der Name dieser Firma auftaucht, erscheint bis heute genau dieses Motto. Ich bemühte mich darum, das auch in die Praxis umzusetzen. Wir entwickelten ein Wohnungsbauprogramm mit »Habitat« für unsere Mitarbeiter und gaben ihnen damit die Gelegenheit, selbst anzupacken und mit ihren Freunden zu bauen, so dass sich mehr Menschen ein eigenes Haus leisten konnten. Wir boten Familien Zuschüsse und Stipendien für Kinder an, damit sie Schulutensilien kaufen konnten.

Ich bin überzeugt, dass auch die Belegschaft vom Wachstum eines Unternehmens profitieren sollte. Und wenn Menschen im Betrieb aufsteigen und verantwortungsvollere Positionen übernehmen, sollten sie darüber nachdenken, wie sie es anderen ermöglichen können, ihre Nachfolger zu werden. Ich glaube, dass es die Anwendung dieser Prinzipien war, die unsere Firma schnell – und solide – wachsen ließ.

Kapitel 5

Eine Vision für die Partei – und für mich

G ar kein Zweifel, ich liebe den spannenden Nervenkitzel des Geschäftslebens. Aber während unsere Firmen wuchsen, empfand ich die Notwendigkeit, eine solide wirtschaftliche Grundlage für unser Land zu schaffen. Ich hatte den immer stärker werdenden Wunsch, meine Geschäfte verantwortlich zu führen. Mein Sinn war immer mehr darauf ausgerichtet, ein guter Geschäftsführer zu sein. Ich wollte etwas Gutes tun, einen Beitrag leisten.

Im Jahr 2002 hatte ich noch keine Ahnung davon, dass ich einmal in der Regierung mitarbeiten sollte, als ich eines Tages einen Telefonanruf von Nicanor Duarte Frutos erhielt. Er war der Kandidat der Colorado-Partei für das Präsidentschaftsamt von Paraguay. Es stellte sich heraus, dass er nach einer glaubwürdigen Person aus der Wirtschaft gefragt hatte, die ihm die Finanzstruktur der Mennoniten-Kolonien im Chaco erklären konnte. Diese Kolonien waren leistungsfähig und erfolgreich, und Nicanor wollte nun feststellen, ob Elemente ihres Wirtschaftssystems auf das ganze Land angewandt werden könnten. Zudem gab es Gerüchte, dass es im Chaco Erdöl geben könnte, was das Interesse an diesem Gebiet noch verstärkte.

Wir kannten uns eigentlich kaum. Das hielt Nicanor jedoch nicht davon ab, ganz direkt zu sein: »Ich brauche jemanden, der mir hilft, den Parteiführern die Sicht der Kooperativen (Genossenschaften) zu vermitteln. Ich möchte, dass sie dieses System kennen und anwenden lernen. Und ich möchte, dass sie erfahren, was ein eventuelles Erdölvorkommen im Chaco bedeuten würde. Ich werde dich – und wenn du willst, kannst du noch jemanden mitbringen – in einer Woche in mein Wochenendhaus in Atyrá einladen, damit du diese Männer über diese zwei Themen aufklärst.«

Ich war erschrocken. Mein erster Gedanke war, nach Experten zu suchen, die mit Sachverstand über diese beiden Fragen sprechen könnten, denn ich war darauf überhaupt nicht vorbereitet. Aber je mehr ich über die Aufforderung aus heiterem Himmel nachdachte, diesen Parteiführern das Wirtschaftssystem zu erklären, in dem ich aufgewachsen war, desto mehr war ich davon überzeugt, dass ich die Gelegenheit nutzen sollte, um eine viel größere und wichtigere Frage mit ihnen zu erörtern. Nicanor bemühte sich um die Organisation seiner Partei. Er hoffte, eine einende Vision zu schaffen, mit der die Partei überall werben sollte. Nicanor glaubte, wenn die Parteiführung von dieser Vision überzeugt wäre, würde sie das ganze Land in Schwung bringen und es aus seiner Armut, Zerrissenheit und seiner Lähmung befreien können.

Ich hatte einmal von einer Umfrage unter jungen Nordamerikanern gelesen, die gefragt wurden: »Wen verehrt ihr so sehr, dass er oder sie euer Held ist?« Der Antwort der deutlichen Mehrheit dieser Befragten konnte ich zustimmen. Und so bereitete ich für das Treffen bei Nicanor eine Präsentation mit dem Titel »Der amerikanische Held« vor.

Als es dann so weit war, wurde ich zum Reden aufgefordert. Ich erzählte der Parteiführung von jener Umfrage und dass dieser Held fünf Charaktereigenschaften habe, die auch für uns in Paraguay wichtig sein könnten. Die Methode dieses Helden lässt sich in fünf Punkten beschreiben:

1. Er verlangte bedingungslose Hingabe.
2. Es war klar, dass er selbst das Vorbild sein würde. Er übernahm das Steuer auch in schwierigen Situationen in beispielhafter Weise.
3. Er übernahm die Verantwortung für die Vorbereitung seiner Nachfolge.
4. Sein Ziel war klar, von Anfang an.
5. Er sprach die Sprache seiner Nachfolger, er kommunizierte einfach und klar.

Es stellte sich heraus, dass diese jungen Nordamerikaner Jesus Christus gewählt hatten, den sie von allen Helden der Menschheitsgeschichte am meisten bewunderten.

Die Parteiführer waren sehr überrascht, dass ich nun von Jesus sprach. Ich hob einen Bibelvers hervor, in dem Jesus seine Nachfolger auffordert, »Menschenfischer« zu sein: »Kommt, folget mir nach, ich will euch zu Menschenfischern machen« (Matthäus 4,19). Und dann erläuterte ich die Themen ein wenig:

a) *Kommt:* Er verlangte Hingabe.
b) *Folget mir nach:* Er erwies sich als das Vorbild der Hingabe.
c) *Ich will euch zu ... machen:* Er übernahm die Verantwortung für das Wachstum und die Ausbildung seiner Leute.
d) *Zu Menschenfischern:* Das Ziel ist von Anfang an klar.
e) *Zu Menschenfischern:* Eine Kommunikation, die die Leute direkt ansprach, zeitgemäß und klar.

Die Verantwortlichen dieser Partei steckten mitten in einer internen politischen Kampagne. Ich sagte: »Warum nehmt ihr nicht Jesus als Vorbild? Unsere Leute wissen nicht, wem sie folgen sollen. Sorgt dafür, dass eure Aussagen so einfach und klar sind wie bei Ronald Reagan. Er sagte der Wählerschaft, er wisse, worum sie sich am meisten sorgten: Familie, Arbeit,

Präsident Duarte im Gespräch mit Ernst Bergen, Asunción.

Nachbarschaft, Freiheit und Frieden. Die Menschen fühlten sich von ihm verstanden, und sie wussten, was er anstrebte. Deshalb schenkten sie ihm ihr Vertrauen und folgten ihm.«

Mein Vortrag war kurz. Ich schwitzte und zitterte vor Aufregung und auch vor Respekt gegenüber meiner Zuhörerschaft. Anschließend bat Nicanor mich, diesen Vortrag vor der ganzen Gruppe zu wiederholen.

Danach beschäftigte sich die Parteiführung damit, wie das Genossenschaftssystem auf das gesamte Land angewandt werden könnte. Mehrere Experten hatten sorgfältig untersucht, wie die Kooperativen arbeiten, und waren in der Lage, Kosten und Zeit anzugeben, die für die Einführung dieses Systems in ganz Paraguay erforderlich sein würden.

Der Gedanke, das Kooperativssystem landesweit einzuführen, ist später dann abgelehnt worden. Die Politiker wollten einen raschen Erfolg, und die zuständigen Leute in den Kolonien waren davon ausgegangen, dass es zehn Jahre dauerte, bis ein Kooperativssystem positive Resultate zeigen würde. Trotz dieser Entscheidung hatte mir diese Einladung Nicanors und die Geduld der Parteiführung die Gelegenheit geboten, mein eigenes Verständnis von Führung und Leitung zu überdenken und schärfen.

Kapitel 6

Auf der Suche nach einem Nein

Die Präsidentschaftswahl fand am 27. April 2003 statt. Zwei Tage später lud der frisch gewählte Präsident Nicanor Duarte Frutos Lucy und mich in seine *Quinta* (sein Wochenendhaus) in Atyrá ein, etwa 50 Kilometer von Asunción entfernt. Wir nahmen unseren zwei Wochen alten Sohn David mit. Unterwegs befürchteten wir schon, womöglich die einzigen Gäste zu sein, und dass Nicanor uns bitten könnte, eine Aufgabe in seiner Regierung zu übernehmen. Als wir dann aber ankamen, waren wir erleichtert, als wir eine Menge Wagen auf dem Parkplatz sahen.

Als wir eintraten, waren bereits etwa 30 Personen da. Das ließ uns aufatmen. Hier wurde die Wahl gefeiert, und Gloria, die Frau des Präsidenten, hatte das Fest organisiert. Sie hatte auch eine christliche Band eingeladen. Diese Feier hatte einen christlichen, schon fast mennonitischen Charakter (Gloria ist selbst Mitglied einer Mennonitengemeinde). Sie und Lucy hatten einander durch ihre Arbeit für gemeinsame Frauenprojekte unserer Gemeinden kennen gelernt. Wir versuchten, weit ab vom Präsidenten einen Platz zu finden, aber er entdeckte uns und bat uns, näher zu kommen. Wir hatten gehofft, am Rande zu bleiben, um besser beobachten und sondieren zu können. Wir kannten fast niemanden, und doch bat er uns, direkt neben seinem besten Freund zu sitzen.

Es war einer unserer ersten Versuche, uns in dieser Gesellschaft zu bewegen. Der Raum war erfüllt von christlicher Musik, paraguayischer Volksmusik und Gesprächen über den Wahltag. Die Stimmung war sehr gelöst. Dann stand Nicanor auf, klopfte mir auf die Schulter und sagte: »Komm mit, Ernesto!« Er trug dunkle Shorts, ein rotes T-Shirt und Strandschuhe. Wir gingen hinaus, über den Rasen in die Dunkelheit.

Er sah mich an und sagte: »Ernesto, ich möchte, dass du mein Industrie- und Handelsminister wirst.« Ich antwortete: »Herr Präsident, Sie sind vollkommen verrückt!« Er konterte sofort: »Ja, ja, so seid ihr Mennoniten. Ihr könnt gut auf der Zuschauerbank sitzen und euch das Spiel ansehen. Ihr könnt kritisieren, was die Regierung falsch macht. Ihr werft faule Orangen auf die Spieler, die Fehler machen. Aber ihr applaudiert nur selten, wenn uns ein guter Zug gelingt.«

Er fuhr fort, die Funktion und die Rolle der Mennoniten in Paraguay dramatisch zu kritisieren. Es gelang mir, ihn zu unterbrechen: »Herr Präsident, lassen Sie uns vernünftig sein. Wenn Sie glauben, dass ein Mennonit diese Arbeit tun sollte, habe ich einen anderen Kandidaten für Sie. Er ist viel besser dafür geeignet, er spricht Englisch, verfügt über größere unternehmerische Erfahrung, und er hat mehrere Brüder, die die Leitung seiner Firma übernehmen könnten, während er eine Aufgabe in Ihrer Regierung übernimmt. Zudem hat er viel Erfahrung in der Verwaltung und kennt die Zusammenhänge zwischen Industrie und Politik viel besser.«

Nicanor antwortete: »Ich möchte aber dich als meinen Minister haben.«

Ich konnte ihn schließlich dazu überreden, den von mir vorgeschlagenen Mann einzuladen. Er ließ mir eine Woche Zeit, meinen Bekannten zu überzeugen, und erwähnte, dass einer seiner Freunde meinen Kandidaten gut kenne, und dass er auch ihn bitten würde, diesen Mann zu überzeugen. »Ich rechne aber

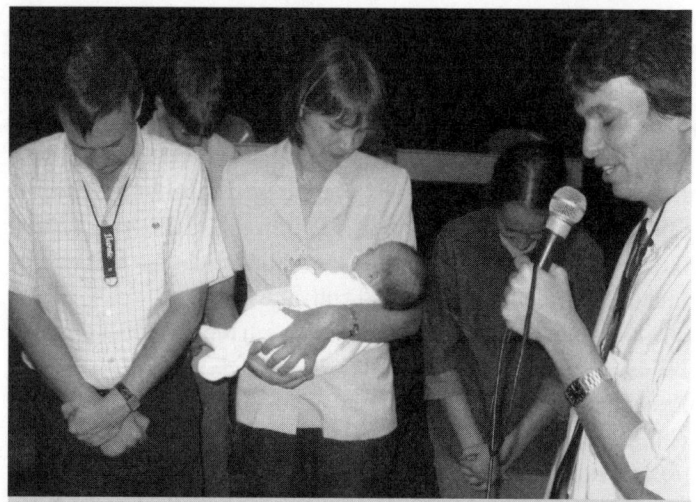

Segnung von David Bergen, rechts: Ernsts Bruder Horst, der Pastor der Gemeinde.

damit«, meinte er, »dass dein Kandidat dieses Angebot nicht annehmen wird. Deshalb denk lieber weiter darüber nach, in meiner Regierung zu dienen.« Nach einer Woche rief der Präsident mich an und teilte mir mit, dass mein Kandidat abgesagt hatte – was ich bereits wusste. Und so fingen wir wieder an, über die Möglichkeit zu sprechen, dass ich sein Minister würde.

Ich bat den Präsidenten um zwei Wochen Bedenkzeit. Es war für ihn nicht leicht, zu warten, denn er musste sein Team schnellstens vervollständigen. (Inzwischen beträgt die Zeit zwischen der Wahl und dem Amtsantritt eines neuen Präsidenten fast vier Monate, damit die neue Verwaltung alle Posten besetzen kann.) Aber er räumte mir weitere zwei Wochen ein.

Ich versuchte also, dieses Angebot verantwortungsvoll zu überdenken. Ich sagte mir: Bevor ich mich dazu entschließe, diese Stellung zu übernehmen, benötige ich ein »Ja« von fünf Gruppen. Ich hatte meine soziale Umwelt in diese fünf Gruppen eingeteilt. Rein gefühlsmäßig hatte ich Angst und war ganz und gar nicht geneigt, das Angebot anzunehmen. Aber ich wusste auch, dass ich die Sache gründlich prüfen musste.

An erster Stelle prüfte ich meine Beziehung zu Gott. Ich bat Gott, mir ganz unabhängig von meiner Entscheidung inneren Frieden zu geben.

Zweitens wollte ich wissen, was meine Familie darüber dachte. Was wäre für sie am besten? Ich war besonders besorgt um Lucy und unsere Kinder Daniela, die damals 13 war, Samuel, der zehn Jahre alt war, und David, der erst einen Monat alt war. Ich wünschte mir, Lucy würde die Entscheidung treffen und die anderen würden alle damit einverstanden sein! Natürlich wünschte ich mir auch den Segen meiner Eltern und meiner beiden Brüder zu dieser Entscheidung. Auf jeden Fall war klar, dass Lucy damit einverstanden sein musste, wie auch immer die Entscheidung ausfallen mochte. Ich wusste, dass ein »Ja« unser Familienleben vollkommen verändern würde.

Die dritte Gruppe waren die Betriebe, bei denen ich Teilhaber war. Es würde meine Glaubwürdigkeit außerordentlich schädigen, falls es diesen Firmen schlechter gehen würde, während ich Industrie- und Handelsminister war.

Die vierte Gruppe waren meine Freunde. Wenn ich in die Regierung käme, würde ich unbedingt gute Freunde brauchen und besonders in Krisenzeiten ihre Unterstützung benötigen.

Die fünfte Gruppe war meine Kirchengemeinde, die für mich von vorrangiger Bedeutung war. Der Segen und die Unterstützung der Gemeinde für diese Entscheidung waren für mich ganz besonders wichtig.

Ein entscheidender Grund, warum dieser ganze Prozess für mich so belastend war, war die Tatsache, dass in Paraguay zuvor noch nie ein Mennonit in ein Ministeramt berufen worden war. Es ging um die Mitwirkung in der Regierung.

Mennoniten, die in Russland in den ersten Jahrzehnten des 20. Jahrhunderts extrem gelitten hatten, lebten nun schon seit Jahrzehnten im Chaco unter ihrer eigenen Verwaltung. Das war en Teil des Abkommens mit der paraguayischen Regierung, als sie als Flüchtlinge jene Wildnis besiedelten. Die Mennoniten – besonders die mit einer klaren christlichen Überzeugung – hatten außerhalb der Verwaltung ihrer eigenen Kolonien so gut wie gar nichts mit irgendwelchen politischen Führungsämtern zu tun. Die wenigen, die sich daran beteiligt hatten, gerieten in eine Krise, gerade auch in ihrer Beziehung zur Gemeinde.

Einige, nicht gerade meine engsten Freunde, warnten mich, dass Nicanor mich nur drei Monate gebrauchen und dann einfach abschieben würde, nachdem ich seinen Zwecken gedient hätte.

Mitten in der Verwirrung jener Tage hatte ich vor allem an die fünf Hauptgruppen zu denken, während ich zu einer Entscheidung zu gelangen versuchte. Ich hatte und habe noch immer Freunde, die ich jederzeit anrufen kann und bitten: »Bitte betet ganz intensiv für mich, denn ich kann nicht so gut beten.« Diese Freunde stehen Gott anscheinend näher, und deshalb delegiere ich das Beten an sie. Und sie tun ihre Pflicht!

In meinem Inneren rang ich eigentlich nur darum, den Ministerposten nicht annehmen zu müssen und zugleich den Frieden in meinem Herzen zu bewahren. Ich suchte krampfhaft nach einem Nein. Es gab zwar einige Dinge, die mir an dem Posten verlockend schienen, aber andererseits waren sie absolut nebensächlich. Im großen und ganzen war ich nicht daran interessiert. Zu diesem Zeitpunkt befand sich mein Leben auf einem Höhepunkt. Es ging mir gut, ich hatte Frieden, fühlte mich wohl in meiner Haut und mit dem, was ich tat.

Und dann kamen die Antworten.

Lucy gab Gott einen Blankoscheck. Sie sagte: »Wenn diese Anfrage von Gott kommt, wird er uns auch die Kraft geben, es zu tun. Deshalb müssen wir herausfinden, ob es von Gott kommt.« Diese Antwort gefiel mir überhaupt nicht! Ich hätte viel lieber ihr »Nein!« gehört, denn dann hätte ich bequem sagen können, dass meine Frau eben dagegen war.

Meine Eltern versprachen, mich zu unterstützen, falls ich dieses Amt übernehmen sollte. Aber ich sollte es auch nur dann annehmen, wenn ich es wirklich wollte.

Meine Mutter saß gerade auf dem Hof, als ich sie anrief, um zu fragen, was sie und mein Vater darüber dachten. Sie erzählte Lucy später, dass sie an dem Tag, bevor ich anrief, eine Art Vision gehabt hätte. Dabei ist sie ganz und gar kein Mensch, der Visionen hat! Doch sie hatte den Eindruck, als ob Gott sagte: »Ich will deinen Sohn gebrauchen; ich will ihn dir nehmen.« In ihrer Vision lehnte sie harsch ab: »Auf keinen Fall!« Das geschah drei Mal. Dann hörte sie Gott sagen: »Willst du dich meinem Willen widersetzen?« Und darauf antwortete sie schließlich: »Gut, dann nimm ihn, aber schütze ihn.« Das sagte sie unter Tränen, wie sie Lucy später erzählte. Sie hatte damals nicht den Mut, es meinem Vater zu sagen, weil sie Angst hatte, er würde sie für verrückt halten. So zurückhaltend ist sie gewöhnlich nicht!

Meine Eltern waren also bereit, mir ihren Segen für die Übernahme dieser Verantwortung zu geben, sofern es meinen Seelenfrieden nicht störte.

In einer meiner Firmen war ich war zu jener Zeit auch Geschäftsführer. Aber ich wusste, dass es nicht allzu schwer sein würde, unter meinen Mitarbeitern einen Nachfolger für mich zu finden. Im Bewusstsein, dass hier die doppelte Einsatzbereitschaft gefragt war, waren meine Angestellten bereit, einzuspringen. Sie würden die Leitung dieser Firma übernehmen, und sie würden sofort im Scheinwerferlicht der Öffentlichkeit stehen, denn es war klar, dass man ausführlich über meine Geschäftstätigkeit berichten würde.

Ich liebte meine Arbeit, und ich hatte diesbezüglich einen besonderen Kampf mit Gott. Ich kannte einige Unternehmer, die in die Regierung gegangen waren und deren Geschäfte darunter litten. Deshalb sagte ich Gott, ich würde mein Geschäft aufgeben, wenn ich dieses Ministeramt übernahm. Das war für mich persönlich sowohl ein finanzielles Risiko als auch ein Risiko in

Bezug auf meine Integrität. Ich würde mein Einkommen und mein Ansehen als Geschäftsmann damit aufgeben.

Folglich hatte ich einen schweren Kampf mit Gott. Ich versuchte, ihn davon zu überzeugen, dass es unverantwortlich wäre, aus meinem bisherigen Berufsleben auszusteigen. Ich wusste einfach, dass dieses »Nein« schwer wog. Ich argumentierte: »Gott, hör zu, ich habe tatsächlich begonnen, in meinen Firmen eine Kultur der sozialen Verantwortung zu entwickeln, und wenn ich jetzt aussteige, ist das ein Risiko für meine Angestellten. Sie werden etwas von der Stabilität verlieren, die doch gerade erst für sie begonnen hat.«

Und dann fiel mir unser Firmen-Slogan ein: »Zusammen wachsen, um zu dienen«, und ich begriff, dass dies tatsächlich eine Gelegenheit sein könnte, dieses Motto zu verwirklichen. In diesem Augenblick zeigte Gott mir, was ich für ein Feigling war. Ich arbeitete mit meinen Angestellten mit wunderschönen christlichen Schlagworten. Aber sobald es darum ging, selbst ein Angestellter zu werden, war ich daran überhaupt nicht mehr interessiert.

In Bezug auf meine Geschäfte war Gott sehr streng mit mir. »Sieh mal, ich habe dir Angestellte gegeben, die tüchtiger sind als du. Du hast es ja nicht einmal bis zu einem Sekundarschulabschluss geschafft. Ich habe dir Angestellte mit ›Köpfchen‹ gegeben. Während du auf der Suche nach ausländischen Markenartikeln, mit denen du arbeiten konntest, in der Welt herumfuhrst, habe ich in deinen Firmen immer mehr und immer besseres Personal aufgebaut. Das war nicht dein Verdienst. Der Wert und der Erfolg deiner Firmen sind nicht von dir abhängig.«

Plötzlich kam mir der Gedanke in den Sinn: Selbst wenn ich weiterhin der Chef bliebe, ist es denn sicher, dass diese Burschen im Unternehmen bleiben? Wenn sie gingen, bliebe mir nichts. Und sie haben einen Aufstieg verdient. Ich selbst hatte ihnen doch immer gepredigt: »Sorgt für euren Nachfolger!« Nun war also ich an der Reihe. Und ich hatte nicht den Mut, das zu tun, was ich selbst gepredigt hatte?

Ich fragte meine Freunde. Einige von ihnen waren Führungskräfte in unserer Gesellschaft. Sie kannten unser Land gut, seine Nöte und seine allgemeine Lage. Ihre Antwort lautete: »Wenn du etwas für die Armen im Land tun willst, dann nimm diesen Job an.« Sie waren sich im Klaren darüber, was es sie kosten würde, wenn ich ginge. Deshalb war ich davon beeindruckt, dass sie mich ermutigten, die angebotene Stellung anzunehmen. Sie versprachen mir ihre moralische Unterstützung. Aber sie sahen auch ein, dass es nicht leicht sein würde.

Obwohl die Gemeinde für mich von entscheidender Bedeutung ist, wollte ich sie nicht um Rat bitten, bevor ich einige geschäftliche Fragen geklärt hatte. Der Pastor und Leiter unserer Gemeinde ist bis heute mein Bruder Holly. Ich fragte ihn, wie ich den Rat der Gemeinde einholen könnte. Wir vereinbarten, dass ich mit dem Ältestenrat sprechen sollte. Ich lud sie also alle zu mir nach Hause ein. Für meine Gemeinde war dies eine unbekannte und nicht gerade einfache Situation. Diese geistlichen Leitungspersonen waren traditionell grundsätzlich kritisch gegenüber jeglicher Beteiligung an der Regierung. Es würde also spannend werden ...

Ich suchte noch immer nach einem »Nein«, aber zugleich wollte ich die Wahrheit herausfinden. Als wir alle beieinander saßen, fühlte ich mich wie in einer Sitzung von lauter Diplomaten: Wir tanzten um den »heißen Brei« herum, waren dabei vorsichtig.

Ein Leiter, den ich sehr schätzte, war ganz und gar dagegen, dass ich diesen Posten annahm. Die Stimmung war ziemlich angespannt.

Unsere Gemeinde hatte einige theologische Studien über Christen in der Politik durchgeführt und auch darüber, wie man zu einem Konsens in solchen Entscheidungsprozessen gelangt. Also war schon einige Vorarbeit für diese konkrete Situation geleistet worden.

Es gab noch einen anderen Grund, warum diese Fragestellungen mir nicht ganz fremd waren. Die Frau des Präsidenten, Maria Gloria Penayo Solaeche, war Mitglied unserer spanischsprachigen Schwestergemeinde. Die Gemeindeleitung, die nun in unserem Haus zusammentrat, war für beide Gemeinden zuständig – die deutschsprachige, zu der ich gehörte, und die spanischsprachige, zu der Gloria nun schon seit einigen Jahren gehörte. Trotzdem fühlte sich die Gemeindeleitung durch die Mitgliedschaft der First Lady nicht in die Enge getrieben oder unter Druck gesetzt.

Unsere Diskussion konzentrierte sich schließlich auf folgende Frage: Was ist für mich verantwortungsvoller – »Ja« zu sagen oder »Nein« zu sagen?

Wir acht Teilnehmer dieses Gesprächs stritten nicht, wir berieten. Ist dies eine Gelegenheit, zu dienen? Ist dies eine Einladung, sich einer politischen Partei oder dem Militär anzuschließen? Christen können nicht jede politische Aktivität unterstützen, aber manches ist sicher gut und in Ordnung. Öffentliche Dienste sollten immer nur getan werden, um anderen zu dienen, und nicht aus irgendeinem anderen Grund.

Am Ende des Abends empfahl die Gruppe, dass ich das Angebot annehmen sollte. Sie wollten dazu beitragen, dass die neue Regierung gute Mitarbeiter bekam.

Nicht lange danach hatte ich in Bezug auf meine Entscheidung eine weitere Begegnung mit Gott. Ich erinnerte mich daran, dass meine Großeltern bettelarm nach Paraguay gekommen waren, und dass die Paraguayer sie mit offenen Armen aufgenommen hatten. Das paraguayische Volk hat den Mennoniten auch weiterhin Unterstützung und Großzügigkeit erwiesen. Mit der Zeit hatten unsere Leute sowohl gesellschaftlich als auch wirtschaftlich bedeutenden Erfolg. Mir wurde klar, dass Gott uns nicht als Einwanderer in dieses Land gebracht hatte, nur damit wir hier gut leben sollten. Das erkannte ich plötzlich ganz klar als den Willen Gottes.

Er hatte mir in jungen Jahren Geborgenheit in einem stabilen Heim mit guten Grundsätzen gegeben. Gott hatte mich vor vielen falschen Wegen bewahrt. Er hatte mir die beste Frau gegeben, und mit ihr ein eigenes gesundes Familienleben. Und ich hatte einen sensationellen geschäftlichen Erfolg, obwohl ich nur ein schwacher Schüler mit wenig Allgemeinbildung gewesen war. Ich erkannte auch, dass mein Lernen in Bezug auf Leitung und Menschenführung mich gut auf diese Herausforderung vorbereitet hatte.

Gott wollte kein Opfer von mir und auch keinen besonderen Beitrag. Sondern Gott gab mir einfach das Vorrecht und die Gelegenheit, dem paraguayischen Volk etwas von dem Guten zurückzugeben, das ich empfangen hatte; etwas von der Großzügigkeit und Gastfreundschaft, mit der mein Volk empfangen wurde. Plötzlich änderte sich meine Haltung. Die Einladung, in der Regierung zu dienen, empfand ich nicht mehr als eine möglichst zu vermeidende Verpflichtung, sondern als ein Vorrecht, etwas zurückzugeben.

Das war für mich ein wichtiger Wendepunkt. Aber sofort tauchte in mir auch die Frage auf: Und was, wenn ich versage? Mir war klar, dass ich viel aufs Spiel setzte. Bibellesen und andere Lektüre überzeugten mich dann jedoch davon, dass es unbedingt besser ist, etwas zu versuchen und dabei möglicherweise zu scheitern, als es erst gar nicht zu versuchen.

Seitdem war ich mir sicher, und ich bereitete mich darauf vor, mit dem Präsidenten zu sprechen. Es war erst drei Wochen her, seitdem er mich gebeten hatte, mit ihm auf den Rasen hinauszugehen.

Ich las in jenen Tagen in der Bibel viel von David, Mose und Nehemia. Ich stellte immer wieder fest, dass Gehorsam für ihr Leben wichtiger war als eine perfekte Ausbildung.

Dann traf ich ein Abkommen mit Gott. Ich sagte: »Gut, dies ist ein Vorrecht, aber ich möchte, dass du mir hilfst, treu zu sein. Ich will, dass du mir in diesem Prozess nicht erlaubst, dich auch nur einen Augenblick zu verlassen. Ich will, dass du mir hilfst, dir während der ganzen Zeit, die ich in der Regierung bin, nahe zu sein.« Das sagte ich dann auch in meiner Gemeinde: »Ich weiß nicht, ob ich Tage, Wochen, Monate oder Jahre in der Regierung bleiben werde. Aber ich bitte Gott, dass – wenn ich wieder gehe – ich ihm dann näher gekommen und Jesus treuer geworden bin, als ich es heute bin. Das ist das Wichtigste für mich.«

Dann setzte ich mich an meinen Computer und notierte mir eine Liste von Bedingungen und Bitten an den Präsidenten. Kurz zusammengefasst waren das die Punkte, die er mir bewilligen und versprechen sollte, damit ich meine Arbeit so gut wie möglich machen könnte:

1. Gott wird auch weiterhin mein erster und oberster Vorgesetzter bleiben.

2. Ich muss die Freiheit haben, meinen eigenen Mitarbeiterstab zusammenzustellen.

3. Ich werde den persönlichen Rat des Präsidenten benötigen, da ich keinerlei politische Erfahrung habe.

4. Das Wohl des Volkes wird bei meinen Entscheidungen immer über den Parteiinteressen stehen.

Wir legten einen Abend fest, an dem wir uns im Haus des Präsidenten treffen wollten. Er und ich gingen in das eine Zimmer; Gloria und Lucy gingen in ein anderes. Ich hatte meine Liste mitgebracht, und wir gingen sie Punkt für Punkt durch. Ich wollte ganz sicher sein, dass er jeden einzelnen dieser Punkte verstand. Ich war darauf gefasst, dass er mir sagen würde, wie unpraktisch meine Bitten wären. Oder dass er trotz bester Absichten nicht alles versprechen könne, worum ich bat.

Doch nachdem wir die ganze Liste durchgesehen hatten, sagte der Präsident: »Und über das hinaus, worum du mich jetzt gebeten hast, gebe ich dir meinen vollen politischen Rückhalt und meine Unterstützung, damit wir gemeinsam Erfolg haben werden.« Im Nachhinein merkte ich, dass ich um diesen Rück-

Ernst Bergen unterzeichnet seine Ernennungsurkunde als Industrie- und Handelsminister Paraguays.

halt gar nicht gebeten hatte, er aber das Wichtigste von allem war. Nachdem er bedingungslos alles versprochen hatte, worum ich bat, sagte er: »Gut, Ernesto, lass uns diese Sache jetzt im Gebet vor Gott bringen.« Er begann zu beten, und ich war davon sehr beeindruckt. Ich selbst konnte in diesem Augenblick nicht beten. Deshalb dankte ich ihm, und wir gingen zu unseren Frauen. Ich kannte ihn damals noch nicht so gut, aber ich hörte später, dass er regelmäßig betet.

Die ganze Zeit, während ich mit dem Präsidenten zusammen arbeitete, hat er alles bedingungslos unterstützt, was ich für richtig hielt.

Ich erwähnte bereits, dass ich Nicanor zu der Zeit noch nicht gut kannte. Aber ich wusste, dass er Politiker war, und hegte den Verdacht, dass er kein klares Bild über die Einzelheiten der wirtschaftlichen Lage unseres Land hatte. Eine meiner Bedingungen

Präsident Duarte im Gespräch mit Ernst Bergen.

war, dass ich selbständig die Angelegenheiten des Industrie-
und Handelsministeriums führen könnte. Es gab Gerüchte, er
habe mich nur für einen kurzfristigen Einsatz eingeplant, um
sich mehr politische Unterstützung zu sichern, vielleicht für drei
oder vier Monate, da es zum Ende des Kalenderjahres traditionell einen Ministerwechsel gab.

Aber auch wenn meine Amtszeit voraussichtlich nur kurz
sein würde, haderte ich noch immer mit Gott wegen meiner
unzulänglichen Vorbereitung. Beim Lesen der Bibel merkte
ich jedoch, dass Gott David berufen hatte, als er ein Junge war,
der Schafe hütete. Und er hatte Nehemia berufen, der nur ein
einfacher Mundschenk war. Gott hatte eine Aufgabe für beide
– Gottes Volk zu führen und Jerusalems Stadtmauer wieder zu
errichten.

Trotzdem wurde ich die Zweifel nicht los, ob ich dieser
großen Aufgabe wirklich gewachsen sei. Aber dann musste ich
daran denken, dass ich fast ein Bandit gewesen war und Lucy

die Summe aller Tugenden, die man sich nur wünschen konnte – und sie war meine Frau geworden! Dasselbe erkannte ich in meinem Geschäftsleben. Ich war innerhalb der Kolonien inzwischen einer der erfolgreichsten Unternehmer unter 40 Jahren. Dabei war ich nicht außergewöhnlich tüchtig, und andere Leute verfügten über eine bessere Ausbildung und mehr Erfahrung als ich. In diesem ganzen Ringen um die Frage, ob ich die Fähigkeiten für diese Aufgabe besaß oder nicht, kam ich schließlich zu der Schlussfolgerung, dass ich aus Gehorsam Gott gegenüber handeln sollte, statt nach messbaren Zusammenhängen von Ursache und Wirkung zu fragen.

Kapitel 7

Meine Vision: Arbeit für alle

Ich war in dem Glauben aufgewachsen, dass Christen für ihre Regierung beten sollten. Punkt. Aber nun musste ich mich ganz konkret mit der Frage auseinandersetzen: Wenn wir aufrichtig beten und die Regierung fähige Leute in den Reihen der christlichen Kirchen entdeckt und diese bittet, öffentlich Verantwortung zu übernehmen, ist es dann inkonsequent oder sogar falsch, dies zu verweigern? Widerstrebend hatte ich also eingewilligt, Nicanors Regierung beizutreten. Ich ging davon aus, dass es eine meiner ersten Aufgaben sein würde, kompetente Mitarbeiter zu suchen. Ich war zwar ein erfolgreicher Unternehmer, kannte meine schwachen Seiten aber durchaus:

- Ich verfüge über wenig Allgemeinbildung.
- Ich habe kein gutes Gedächtnis.
- Beim Fliegen wird mir schwindlig.
- Ich kann nur eine Stunde am Stück konzentriert arbeiten. Dann brauche ich eine Pause.

Aber ich habe auch zwei Stärken:

- Ich kann gut eine klare Sicht für die Zukunft entwickeln und dann auch entsprechende Strategien ausarbeiten.
- Ich kann gute Teams zusammenstellen.

Ich war bereit, loszulegen. Zunächst überlegte ich mir, welches die besten Männer waren, auf deren Redlichkeit ich mich verlassen konnte. Mit 2. Mose 18,21 in meiner Hosentasche trat ich an sie heran. Jitro, Moses Schwiegervater, hatte gemerkt, dass Mose vollkommen erschöpft war, und ihm einen Rat gegeben: »Sieh dich ... in deinem Volk nach zuverlässigen Männern um. Sie müssen Ehrfurcht vor Gott haben, die Wahrheit lieben und unbestechlich sein. Übertrag ihnen die Verantwortung für jeweils tausend, hundert, fünfzig oder zehn Personen.«

Und hier erlebte ich meine erste große Enttäuschung. Ich suchte die besten Leute auf, die ich kannte. Ich fuhr Tausende von Kilometern, ich redete Stunden auf sie ein, aber niemand war bereit, mich als Vizeminister zu unterstützen. Dann machte Gott mir klar: Es ist nicht so wichtig, wie groß ein Hund ist, sondern wie groß seine Kampflust ist. Die Einsatzbereitschaft meiner Mitstreiter war wichtiger als ihr großes Wissen oder das Maß ihrer Erfahrung. Leidenschaftliches Engagement für die Armen und diejenigen, die Unrecht erlitten haben, ist mehr wert als ein Kopf voller Fachwissen.

Ich zog mich also zurück und änderte meine Blickrichtung. Ich hatte noch immer keine Ahnung, wie ein Regierungsapparat intern funktionierte, doch würde ich geschickt vorgehen müssen. *Auf jeden Fall* wollte ich einen Stab von Mitarbeitern mit einem Herz für die Armen.

Schließlich, nach einem inneren Kampf und der Veränderung meines Denkens vom Idealismus hin zum Realismus, fand ich meine zwei führenden Mitarbeiter im Industrie- und Handelsministerium selbst. Das überraschte die Leute. Nicanor war um einer Erneuerung willen gewählt worden. Jeder hoffte, dass wir überall neue Mitarbeiter einsetzen würden. Man rechnete nicht damit, dass die bisherigen Angestellten der Ministerien auch unter der neuen Regierung weiterarbeiten würden. Es stellte sich jedoch heraus, dass diese Leute wirklich gut waren, und sie brauchten sich nicht mal einzuarbeiten. Stattdessen konnten sie mich einführen, und so waren wir gemeinsam in der Lage, schneller voranzukommen als andere Ministerien oder Abteilungen.

Miriam Segovia war die damalige Handels-Vizeministerin. Sie hatte eine gute Arbeit geleistet, und ich bestätigte sie in dieser Position. Die Leute, mit denen sie zusammenarbeitete, vertrauten ihr, und ihre Neuanstellung war eine Bestätigung für sie. Aber ich brauchte noch einen Vizeminister für die Sparte Industrie. Jorge von Horoch war Direktor der Fachberatung des Industrie- und Handelsministers gewesen. Korruption hatte er immer abgelehnt. Ja, er war aufgrund seiner Aufrichtigkeit in seiner Karriere nicht weiter vorangekommen. Deshalb hatte er gar nicht damit gerechnet, dass ich ihm den Posten des Industrie-Vizeministers anbieten würde. Er zeigte sofort eine hohe Kompromissbereitschaft für seine Aufgabe und wurde meine rechte Hand. Später wechselte er gemeinsam mit mir ins Finanzministerium.

Als ich meine Vision für das Industrie- und Handelsministerium ausmalte, fand diese bei Miriam und Jorge sogleich vollen Anklang. Sie setzten sich dafür ein und blieben ihr treu.

Das Industrie- und Handelsministerium hat zwei Aufgaben: Den Handel und die Industrie des Landes zu fördern und zu unterstützen und die gesetzlichen Rahmenbedingungen für Handel und Industrie vorzugeben. Es ist dafür zuständig, Produktpiraterie zu bekämpfen, die Entwicklung zu fördern und Unternehmen zu beraten.

Die Vision hatte ich, doch nun brauchte ich noch einen Plan. Zuerst versuchte ich die Lage des Landes genau zu erfassen und meine Beobachtungen so einfach zu beschreiben, damit die Leute sie verstanden. In der Gesellschaft brodelte es zu jener Zeit. Die Lage war kaum noch regierbar. Korruption hatte alle Bereiche des Wirtschaftssystems durchdrungen. Beamte und staatliche Angestellte erhielten ihre Gehälter erst Monate nach dem Zahltag. Ihre Lage war also äußerst ungewiss und angespannt. Verzweifelte Bauern ließen ihren Frust ab, indem sie die Straßen blockierten.

Ausländische Kreditgeber der Regierung stellten ihre Anleihen und Finanzkredite ein. Die Regierung verzögerte daraufhin ihre Zahlungen, und als Folge davon ging es etwa mit Bauprojekten nur sehr langsam voran oder sie wurden ganz eingestellt. Apotheken mussten ihre Medikamentenlieferungen an Krankenhäuser stoppen, und Nahrungsmittellieferungen für das Militär oder für Krankenhäuser trafen überhaupt nicht ein, weil die Regierung nicht mehr alles bezahlen konnte. Wir lebten in einem »selektiven Zahlungsverzug« – wir mussten ermessen, wem wir wann wieviel zahlten, denn es war unmöglich, alles zu bezahlen.

Zwischen der Regierung und der Wirtschaft gab es keinen Dialog. Die Bevölkerung im Allgemeinen war fast hoffnungslos. Die Leute besaßen wenig Selbstvertrauen und verloren jede Hoffnung, irgend etwas erreichen zu können.

Während ich noch in meinem Innern um Klarheit darüber gerungen hatte, ob ich in die Regierung gehen sollte oder nicht, hatte mich gleichzeitig schon die Frage bewegt: Was ist eigentlich die Aufgabe der Regierung? Vielleicht war diese Frage zu einfältig, aber ich war mir einfach nicht darüber im Klaren. Ich befragte Leute innerhalb wie außerhalb der Regierung. Aber fast niemand war imstande, mir eine befriedigende Antwort zu geben.

In der Bibel entdeckte ich, dass die Regierung das Wohl des Volkes suchen soll. Das sprach mich an. Nun fragte ich mich, wie man diese Idee in die offizielle Sprache übersetzen könnte, ohne dass sie allzu religiös klang. Während ich nun das Industrie- und Handelsministerium organisierte, suchte ich einen pragnanten Satz als Leitwort für meine Abteilung. »Politische Macht sollte allen zugute kommen«, dieser Satz enthielt das, was ich sagen wollte, aber er klang nicht griffig. Dann fand ich eines Tages den packenden Slogan, nach dem ich gesucht hatte: »Arbeit für alle«.

Trabajo Para Todos. Alle müssen mitmachen, damit wir gemeinsam Erfolg haben. Dieser Slogan enthielt zwei Aussagen: Die erste ist, mehr Arbeitsplätze zu schaffen. Die zweite: Das wird nur dann funktionieren, wenn alle mitarbeiten. Wie konnte die Regierung das verwirklichen? Ich beschloss, mich auf zwei Dinge zu konzentrieren: Hoffnung und Selbstvertrauen wiederherzustellen.

Nachdem wir uns einmal eingestanden hatten, dass unser Land auf der Intensivstation lag, war auch klar, dass dies ein langwieriger und komplizierter Prozess werden würde. Wo sollten wir anfangen? Wir beschlossen, uns zahlenmäßig messbare Ziele zu setzen. Zuerst wollten wir versuchen, mehr Arbeitsplätze zu schaffen. Dafür brauchten wir Geld. Es gab zwei Möglichkeiten, dieses Geld zu beschaffen.

Zum einen konnten wir durch eine Ausweitung des Exports mehr Geld aus dem Ausland hereinbekommen. Bei unserem Regierungsantritt am 3. August setzten wir uns das Ziel, den Export während der fünfjährigen Legislaturperiode zu verdoppeln, gemessen an Paraguays Exportzahlen Ende Dezember 2003.

Die Leute, die davon hörten, hielten uns für verrückt. Ich konnte jedoch ein Team organisieren, das davon überzeugt war, dass wir es schaffen könnten. Dieses Team stand unter der Leitung von Victor Varela, einem beherzten Unternehmer mit einer Leidenschaft für Exporte. Mit Hilfe paraguayischer und internationaler Experten, die alle Daten und Einzelheiten zusammentrugen, erarbeiteten wir eine Strategie. Ein Teil dieses Exportplans bestand darin, unsere Produktion insgesamt zu verbessern und nicht nur landwirtschaftliche Roherzeugnisse zu exportieren. Wir wollten unseren Industriesektor ausbauen. Eine japanische Agentur hatte bereits einen Plan einer solchen »Produktionskette« ausgearbeitet, der von der vorigen paraguayischen Regierung allerdings verworfen worden war. Wir reaktivierten dieses Konzept und benutzten es schließlich dazu, die Exportproduktion des Landes auf das Dreifache des bisherigen Höchststandes zu erhöhen.

Die Produktionskette erforderte ein neues Vorgehen, indem die Regierung Produktionszentren förderte, wo private Unternehmer auf konstruktive Weise mit dem öffentlichen Bereich zusammen arbeiteten. Es begann zum Beispiel mit Viehzüchtern und brachte alle zusammen, die dazu beitrugen, Rindfleisch in den Lebensmittelhandel und in das Restaurantgewerbe zu bringen. Dasselbe galt für die Zucker- und die Textilindustrie. In weniger als zwei Jahren entstanden etwa ein Dutzend solcher Zentren sowohl im privaten als auch im öffentlichen Bereich. Alle überlegten nun: Wie können wir noch mehr exportieren? Und jeder sah ein: Wir müssen hochwertigere Waren herstellen, mehr Arbeitsplätze schaffen und den Ertrag noch besser verteilen.

Aufgrund meiner unternehmerischen Erfahrung war ich der Ansicht, die Privatwirtschaft müsse diese Vision aufgreifen und zur Lokomotive für das Land werden. Die Regierung konnte darin nur unterstützend mitwirken.

Vor Abschluss des vierten Jahres hatten wir unser Exportziel tatsächlich erreicht. Im Jahr 2006 wurde Paraguay als das Land mit der größten Exportsteigerung in ganz Lateinamerika ausgezeichnet. Unser Plan funktionierte viel besser, als ich mir jemals erträumt hätte. Und so ging auch unsere Strategie auf, Geld zu beschaffen.

Die zweite Möglichkeit, mehr Geld, Wohlstand und Arbeitsplätze zu schaffen, bestand darin, den vorhandenen Reichtum gerechter zu verteilen. Wir mussten die Mittelschicht stärken und zugleich der ärmsten Bevölkerungsschicht helfen. Die internationalen Zahlen waren uns bekannt: Weltweit gesehen ist in Lateinamerika der Reichtum am ungerechtesten verteilt, und am stärksten trifft das für Paraguay zu. Was konnte man dagegen tun?

Zunächst mussten wir durch Bekämpfung der Schwarzmärkte, von Steuerhinterziehung und nicht angemeldeten Firmen eine wirksame Rechtsordnung in das Wirtschaftssystem

Ernst Bergen (mit Kopfhörern) berichtet im US-amerikanischen Kongress vom erfolgreichen Kampf gegen Produktpiraterie.

bringen. Ein großer Teil der wirtschaftlichen Transaktionen in Paraguay fand am Rand oder gar außerhalb des Gesetzes statt. Die größten Nutznießer waren die oberen Zehntausend und die großen Firmen. Die beste Antwort darauf war also der Versuch, gerade sie dazu zu bringen, *innerhalb* des gesetzlichen Rahmens zu arbeiten.

Wir stimmten uns sehr eng mit dem Finanzminister ab, der eine Reihe von Reformen ausarbeitete, die vor allem darauf ausgerichtet waren, den vorhandenen Reichtum besser zu verteilen: Wir führten persönliche Einkommensteuererklärungen ein, und wir schufen Steuergesetze. Wir setzten neue Steuerarten fest, unter anderem eine Steuer auf das private Einkommen und auf den Grundbesitz: Je größer der Besitz, desto höher der Steuersatz. Diese beiden Steuern waren Bestandteile eines umfangreichen Steuergesetzes, das die erlahmte Wirtschaft ankurbeln sollte. Dies war die Vision, die wir nach außen kommunizierten. Intern setzten wir vier »Planken«:

1. *Entwicklung:* Unsere Ziele sind: weniger Armut und mehr Arbeitsplätze, menschliche Würde, Frieden und gesellschaftliche Harmonie, effiziente und transparente Leistung. Zur Umsetzung dieser Vision führten wir eine intensive Öffentlichkeitsarbeit ein (»Wofür arbeiten die Leute im Ministerium, worum geht es uns?«). Intern übten wir uns täglich in der Beantwortung der Frage: Habe ich heute einen Arbeitsplatz für jemanden geschaffen?

2. *Gerechtigkeit:* Wir werden uns für ein gerechtes Land einsetzen, in dem jeder von seiner eigenen Arbeit profitiert.

3. *Zusammenarbeit:* Einheit schafft ein Gefühl der Zugehörigkeit. Diese Zugehörigkeit und Zusammengehörigkeit werden wir unterstützen. Soweit wie möglich bemühen wir uns darum, dass sowohl der private als auch der öffentliche Sektor sich für eine gemeinsame Entwicklung einsetzen.

4. *Jeder von uns spielt eine wichtige Rolle und ist ein Vorbild:* Du und ich sind zusammen für ein Paraguay verantwortlich, das konkurrenzfähiger, vertrauenswürdiger und verlässlicher ist.

Jorge von Horoch war mein wichtigster Verbündeter im Kampf gegen Produktpiraterie. Während seiner Amtszeit als Vizeminister gelang es ihm, gestohlene oder gefälschte CDs, die einen enormen Anteil am Schwarzmarkt unseres Landes ausmachten, im Wert von Millionen Dollar zu vernichten. Er war dabei so gründlich, dass Paraguay auf internationaler Ebene nicht mehr als Land galt, das Warenfälschung duldet. Den Bemühungen von Jorge und seinem Mitarbeiterstab ist es zu verdanken, dass der US-amerikanische Kongress uns nach Washington einlud, um über unsere Erfahrungen in der Bekämpfung von Produktpiraterie zu berichten.

Für mich ist Jorge ein Beispiel dafür, dass junge Leute und junge Amtsträger mit großer Einsatzbereitschaft für das Wohl des Landes erstaunliche Erfolge erzielen und notwendige Änderungen herbeiführen können. Eines Tages, kurz vor Weihnachten, betrat ein hoher Beamter mein Büro im Industrie- und Handelsministerium. Es war gerade ungewohnt ruhig, und so fragte er, ob er mir eine Geschichte erzählen dürfe. Er wollte gerne, dass ich sie von ihm selbst hörte.

In Paraguay ist es üblich, Freunden in der Regierung Weihnachtskörbe mit einer Karte als Ausdruck der Dankbarkeit für eine bestimmte Angelegenheit zu schicken. Der Beamte sagte, dass er unter anderem von einer Frau aus der Industrie eine Teeschachtel mit einer Weihnachtskarte erhalten habe, in der sich 5 000 US-Dollar in bar befanden. Sie wollte sich damit bei ihm für seine Unterstützung bedanken.

Der Beamte erklärte, warum dies eine heikle Situation für ihn gewesen sei. Wenn er dieses Geschenk öffentlich angezeigt hätte, hätte die einflussreiche Frau geleugnet, dass es von ihr sei. Zudem hätte eine solche Erklärung seinerseits die Beziehungen zur gesamten Industrie beschädigen können. Wenn er das Geld aber behalten hätte, hätte er sich der Korruption schuldig gemacht.

Der Wert des Geldes entsprach mehreren Monatsgehältern. Die Tatsache, dass er mir das alles offen erzählte, war ein Beweis seiner Aufrichtigkeit und Redlichkeit.

Mein Besucher hatte nun eine Idee gehabt. Er kannte einen katholischen Priester, der eine ausgezeichnete Arbeit in der Betreuung von Straßenkindern und als Leiter einer gemeinnützigen Organisation tat, die für deren Unterkunft sorgte. Er war zu diesem Priester gegangen und hatte ihn gefragt, ob er bereit sei, eine Spende von einer reichen Frau anzunehmen. Natürlich nahm der Priester mit Freuden an. Dann hatte der Beamte die Frau angerufen und eingeladen, gemeinsam mit ihm ein außergewöhnliches Projekt zu besuchen. Sie hatten sich also zusammen zu dieser Einrichtung für Straßenkinder begeben. Dort

Beim Staatsbesuch in Deutschland (2003) mit Berlins Regierendem Bürgermeister Klaus Wowereit vor dem Brandenburger Tor – Ernst Bergen ist Zweiter links neben Präsident Duarte.

waren sie vom Priester und seinen Mitarbeitern herzlich begrüßt worden. Der Regierungsbeamte stellte die Frau vor und erklärte, dass die Straßenkinder ihr sehr am Herzen lagen, und dass sie diese Arbeit deshalb mit einer bedeutenden Spende unterstützt hätte. Und dann bat er den Priester, den Empfang dieser Spende förmlich und ganz legal zu bestätigen. Die Frau war zu Tränen gerührt. Und auch die stillschweigende Lektion hatte sie sehr wohl verstanden ...

Ich hatte also damit begonnen, unsere Zielsetzung innerhalb der Regierung intensiv aufzubauen, und warb zusammen mit meinem Mitarbeiterstab auch in der Wirtschaft dafür. Ich fuhr von einer Firma zur anderen und sprach darüber, was das Industrie- und Handelsministerium erreichen wollte. Gemeinsam verwirklichten wir nach und nach unseren Wahlspruch »Arbeit für alle«.

Kapitel 8

Ein gutes Team zusammenstellen

Schon bald spürte ich den Stress und die Spannung, in der Regierung zu sein. Ich bin von Natur aus nüchtern und eher steif, der Präsident hingegen war immer zu Späßen aufgelegt.

Ich fliege nicht gerne, und schon gar nicht mit Hubschraubern. Der Präsident jedoch liebt es, zu fliegen, und zwar besonders mit Hubschraubern! Kurz nach meinem Amtsantritt im Industrie- und Handelsministerium wurde der landesweite Tag der Industrie begangen. Als Teil unserer Bemühungen, die Privatwirtschaft in den wirtschaftlichen Aufbau Paraguays einzubinden, beschlossen der Präsident und ich, einen schnellen Rundflug zu unternehmen, um für unsere Ziele zu werben. Der Präsident und ich kannten einander noch nicht sehr gut. Wir nahmen uns einen ganzen Tag Zeit, um eine Reihe von Industriebetrieben – per Hubschrauber! – zu besuchen, um dort motivierende Reden zu halten. Es war das erste Mal, dass ich eine solche Tour machte.

Es war regnerisch und sehr windig. Als der Hubschrauber aufstieg, war ich mir sicher, dass dies unser Tod war. Ich sah mein Leben wie in einem Film an mir vorbeiziehen, schwitzte und musste mich fast übergeben.

Präsident Duarte und Ernst Bergen nach einer Sitzung in Asunción.

Der Präsident war indes guter Laune. Einmal stieß der Hubschrauber in ein Luftloch und stürzte im freien Fall ins Leere. Der Präsident umarmte mich tröstend und sagte: »Ernesto, mach dir keine Sorgen. Du hinterlässt eine reiche Witwe; die Männer werden Schlange stehen, um sie zu heiraten. Denk dran, dass meine Frau es nicht so gut haben wird! Aber wir sollten uns keine Sorgen machen: Lucy ist reich und Gloria hat fünf Kinder. Gemeinsam wird es ihnen gut gehen.« Ich sagte gar nichts dazu, betete nur inständig, dass wir irgendwie überleben würden.

Ich merkte allmählich, dass eine Portion Humor eine große Hilfe sein kann. Der Präsident war einfach ein Genie darin, Humor in die schwierigsten Situationen zu bringen. Ich konnte diesbezüglich viel von ihm lernen, wenn ich im Rampenlicht der Öffentlichkeit stand und auch während ich hinter der Bühne meinen Mitarbeiterstab zusammenstellte.

Ich war mir klar in Bezug auf mein persönliches Ziel und auch das Ziel für den Stab des Industrie- und Handelsministeriums.

»Wir müssen Arbeitsplätze für alle schaffen, und dafür werde ich euch mit dem nötigen Rüstzeug versehen«, sagte ich meinem Personal. »Ihr seid dafür verantwortlich, die nötige Stimmung zu schaffen und die Leute davon zu überzeugen, dass es genug Arbeit für alle gibt. Ich bin dafür verantwortlich, dass ihr damit Erfolg habt.«

Ich versuchte intensiv, sie zu motivieren. Ich sagte: »Ihr wisst, wie das Spiel funktioniert. Und ihr werdet gewinnen. Ich bin euer Trainer, euer Chefstratege.« Eines der damit verbundenen Ziele war es, so wenig wie möglich mit der Presse zu sprechen. Meine Strategie bestand von Anfang an darin, dass wir erst die Erfolge verzeichnen müssten und die Mitarbeiter diese Erfolge dann selbst bekannt geben sollten. Schließlich waren sie die Fachleute und kannten sich in den Details viel besser aus als ich. Ich war darauf angewiesen, dass sie die »Arbeit für alle« mit unseren vier »Planken« und den konkreten Zielen zustande brachten. Und ich glaubte, dass ein motiviertes Team diese Arbeit des Ministeriums tun konnte.

Wo waren also die idealen Mitarbeiter? Vor allem wusste ich, dass es von ausschlaggebender Bedeutung war, Mitarbeitern ganz klar zu sagen, was sie von mir erwarten durften. Die politische und wirtschaftliche Umwelt war unsicher, instabil und in Aufruhr. Ich musste der Gesinnung und Haltung der Staatsangestellten, die für mich arbeiten sollten, die richtige Form geben, ebenso wie der Wirtschaft, die wenig Grund hatte, mir gegenüber loyal zu sein. Sie alle sollten wissen, dass ich einen Konsens für eine gemeinsame Vision schaffen und darauf ihre Einsatzbereitschaft aufbauen wollte. In der paraguayischen Kultur war dies ungewöhnlich. Traditionell ist es üblich, Loyalität gegenüber einer Person zu entwickeln. Aber mein Plan wurde dennoch gut aufgenommen. Ich appellierte hauptsächlich an Mitarbeiter und Führungskräfte, das Wohlergehen der gesamten Bevölkerung zu unserem vorrangigen Ziel zu machen.

Jesus berief seine Jünger mit einer offenen und eindeutigen Erklärung: »Ich will euch zu Menschenfischern machen.«

Ich wollte mit »Arbeit für alle« genauso geradlinig sein. Dieses Schlagwort war einfach und leicht zu verstehen. Es nagelte mich fest, denn die Leute konnten mich daran messen und feststellen, ob ich danach lebte, ob ich es wirklich ernst meinte. Die langjährige Erfahrung Lateinamerikas mit Militärdiktaturen hat bewirkt, dass allgemein angenommen wird, was der Leiter will und anstrebt, sei ein Gebot für den Rest. Diese Einstellung musste ich dringend korrigieren, um das Denken des Volkes auf eine größere Vision auszurichten.

Ich fing an, alle Abteilungsleiter im Ministerium zu befragen, um festzustellen, ob sie bleiben würden. Sie bereiteten sich gut auf diese Gespräche vor. Ich prüfte sie auf zwei Ebenen – ihrer Einsatzbereitschaft und ihrer Leistungsfähigkeit.

Zuerst bat ich sie, mir etwas von ihren Familien zu erzählen – ihrer Ehe, den Eltern, den Kindern. Ich versuchte, etwas über ihr Engagement für andere zu erfahren. Die meisten von ihnen hatten einfach phantastische Darstellungen ihrer eigenen Tüchtigkeit ausgearbeitet. Ich habe damit allerdings gewöhnlich nicht viel Zeit verloren. Im Ministerium kreisten schon bald Gerüchte über diese sonderbare Art der Interviews!

Zweitens war ich auch an ihrer Einstellung zu Geld interessiert. Das war natürlich ein ganz besonderes Anliegen angesichts der Korruptionsgefahr für Angestellte im öffentlichen Dienst. Ich stellte ihnen provozierende Fragen wie: »Was willst du in zehn Jahren besitzen?« »Was möchtest du in zehn Jahren sein?« Die gleichen Fragen hatte ich auch in meinen eigenen Betrieben gestellt, wenn ich Leute angestellt hatte, denen der Erfolg der Firma kein Geheimnis war. Aber es ging mir in meinen Fragen um weit mehr als nur Geld. Welche Einstellung hatten die Leute zu ihrer Freizeit, zu Alkohol und zur Verwendung ihrer Zeit? Ich wollte feststellen, was sie in ihrer freien Zeit taten; gingen sie zum Beispiel gerne zu gesellschaftlichen Veranstaltungen?

Bereits vor diesen Gesprächen hatte ich mir die Lebensläufe der Mitarbeiter geben lassen. Ich wollte die Interviews in einer persönlichen, informellen und möglichst entspannten Atmos-

Ernst Bergen mit Bundespräsident Horst Köhler und Frau Eva Luise Köhler anlässlich des Staatsbesuches in Paraguay (2007).

Ich hatte das Vorrecht, beim Abendessen am selben Tisch mit Ehepaar Köhler zu sitzen. Im Gespräch sagte Präsident Köhler: »Die Zeit ist reif, dass Politiker Klartext reden und sich nicht länger auf eine ›diplomatische‹ Sprache beschränken. Die Bürger wissen doch sonst vor lauter ›politischem Make-up‹ gar nicht, worum es geht.« Seine Art, das vorzuleben, beeindruckte mich.

phäre führen. Ich versuchte zu fühlen, wie diese Leute andere behandeln würden.

Die meisten Mitarbeiter betraten mein Büro verunsichert. Solche Gespräche waren etwas ganz Ungewöhnliches. Diese Leute verfügten über akademische Titel und langjährige Berufserfahrung. Ich wollte ihnen jedoch bewusst machen, dass dies niemals zum Ruhekissen werden durfte. Ich wollte wissen, was für Menschen sie waren. Eine Anstellung im öffentlichen Dienst galt als sicherer Arbeitsplatz, aus dem man nicht so ohne weiteres entlassen werden konnte. Ich brachte sie absichtlich aus ihrem gewohnten Gleis, damit sie unsicher wurden. Ich wollte ihren Charakter erkennen.

Abschließend fragte ich auch nach ihrer Einstellung Gott gegenüber. Ich wusste, dass die meisten katholisch waren, aber ich wollte wissen, ob sie eine persönliche Beziehung zu Gott hatten. Meine Fragen waren ziemlich herausfordernd: »Was glaubst du?« »Was geschieht, wenn du morgen stirbst?« »Warum befindest du dich hier?« Viele antworteten: »Ich bin dies, ich bin das.« Ich entgegnete: »Ich interessiere mich nicht dafür, was du bist, sondern wofür du hier arbeitest.«

Die meisten Angestellten konnten nicht sagen, warum sie ausgerechnet für das Industrie- und Handelsministerium arbeiteten. Ich glaube, meine Interviews brachten viele dazu, all das neu zu überdenken. Meine eigene Sicht war sehr einfach – wir waren für das paraguayische Volk da. Das Wichtigste war jedoch, dass ich ständig versuchte, mich selbst kritisch zu betrachten, damit ich ein Vorbild sein konnte.

Bei meiner Strategie für die Entwicklung von Staatsdienern war die persönliche Einsatzbereitschaft äußerst wichtig, sie war ganz klar die Nummer eins, und die Tüchtigkeit jedes Einzelnen stand gleich daneben. Ich hatte jedoch drei gleichwertige Richtlinien für mich.

Erstens sollten sich die Leute von meiner Führungsrolle angezogen fühlen. Ich musste klarstellen, dass ich für unsere gemeinsame Aufgabe Höchstleistungen erwartete. Andersherum unterstützte ich sie auch in Krisenzeiten. Wie würde ich reagieren, wenn unsere Arbeitsbeziehung beendet würde? Wie würde ich sie unterstützen und ihre Zukunft sichern, wenn wir aus Loyalitätsgründen getrennte Wege gehen müssten?

Zweitens musste ich mich für ihre wichtigsten Interessen einsetzen, andernfalls hatten sie keinen dauerhaften Grund, zu bleiben. Ich musste sie in Höchstform halten. Ich half ihnen, sich fortzubilden und auf dem neuesten Stand zu halten, während sie im Ministerium arbeiteten. Mitglieder des Stabs sollten eine gute Zukunft im Ministerium haben, auch wenn ich nicht mehr da wäre.

Ich hatte einen gut ausgearbeiteten Plan, um den engsten Kreis der Führungskräfte voranzubringen. Sie sollten Seminare besuchen, Erholungsangebote nutzen, von mir empfohlene Bücher lesen, damit wir uns darüber unterhalten konnten. Jesus hat gesagt: »Ich werde euch zu Menschenfischern machen.« Das hieß meines Erachtens, dass der Leiter die Verantwortung für das Wachstum und die Fortbildung der Leute übernimmt, die mit ihm arbeiten.

Drittens würde ich tun, was für sie am besten war, damit sie im Ministerium blieben. Jesus hat gesagt: »Der Mensch lebt nicht vom Brot allein.« Eine Gehaltserhöhung ist nicht alles. Ich musste die Bedürfnisse jedes Einzelnen kennen lernen, der mit mir arbeitete, und einen Plan ausarbeiten, wie ihm in jedem Lebensbereich geholfen werden konnte. Für einen jungen Mann, der heiraten will, ist Geld wichtig. Aber er muss auch lernen, damit umzugehen. Einer Mitarbeiterin, die bereits eine gewisse finanzielle Grundlage hat, mag an sozialen Kontakten liegen. Deshalb muss ich ihr die Freiheit einräumen, solide soziale Aktivitäten wahrzunehmen. Als Zeichen dafür, dass dies wichtig ist, könnte ich ihr ein Freizeitgelände zu ihrer Selbstverwirklichung anbieten.

In Paraguay ist es schwer, gute Leute an ihrem Arbeitsplatz zu halten. Vertrauen zu schaffen, ist schwierig. Ich wünschte mir ein Betriebsklima, in dem ein Angestellter mir sagte, welche Konkurrenzangebote er bekommt. Dann könnte ich überlegen, ob ich ihm dieselben Bedingungen bieten kann, damit er bleibt und nicht kündigt.

Ich wurde gebeten, die Leitung des Industrie- und Handelsministeriums zu übernehmen, weil sich das Land in einer Wirtschaftskrise befand. Ich stellte ein Team zusammen, um konkrete Wachstumsziele zu erreichen. Darin wollte ich Erfolg haben, gleichzeitig aber auch ein Leiter nach dem Vorbild Jesu sein. Mein natürlicher Stil ist, einfache Antworten zu finden!

Beim offiziellen Besuch in Frankreich, mit Präsident Jacques Chirac im Vordergrund.

Was mich in Bezug auf Präsident Chirac gerade angesichts seines Alters und seiner Erfahrung beeindruckte, war sein aufrichtiges Interesse an Nicanors Einschätzung der Entwicklung in Paraguay — das mit Frankreich im Grunde nicht viel zu tun hatte. Ein erfahrener Politiker mit weltweitem Einfluss nahm sich wesentlich mehr Zeit als vorgesehen, um diesen jüngeren lateinamerikanischen Politiker zu ermutigen, der sich gerade in seiner ersten Amtszeit befand. Chirac hörte aufmerksam zu, als Nicanor seine Fragen über Lateinamerika beantwortete.

Diesem Politiker mit Statur war es offensichtlich wichtig, sein Interesse gegenüber einem Land, das sich erst entwickelt, und einem jüngeren Leiter zum Ausdruck zu bringen. Für Nicanor war dies eines seiner wichtigsten Treffen mit einem Politiker von weltweiter Bedeutung.

Die Franzosen genießen in Lateinamerika hohes Ansehen. Am Ende half Chirac Nicanor sogar noch ins Auto ... Seine menschliche Seite war sehr beeindruckend.

Aber ich glaube, dass eine gute Führungskraft auch unbedingt Redlichkeit verkörpern und praktizieren sollte. Wenn Jesus nicht Integrität vorgelebt hätte, wäre sein gesamtes Werk unglaubwürdig geworden.

Man kann nicht einfach beschließen, rechtschaffen zu sein. Ich setzte mich dafür ein, aufrichtig nach Redlichkeit zu streben und mich mit Leuten zu umgeben, die ebenfalls redlich sein wollten. Das war für mich entscheidend. Ich musste bereit sein, zu vergeben. Aber ich war mir auch bewusst, dass ich prüfen musste, ob ein Mensch, der sein Verhalten bereute, danach wahre Rechtschaffenheit bewies und den echten Wunsch, sich zu bessern und zu verändern.

Ich musste daran denken, wie Jesus seine Jünger ausgewählt hatte. Er hatte nicht danach gefragt, wer in der Öffentlichkeit das größte Ansehen hatte. Er war am See Genezareth entlang gewandert und hatte nach einfachen Leuten mit einer hohen Einsatzbereitschaft für die Sache gesucht. Sie brauchten kein großes Wissen, aber sie brauchten ein hohes Maß an Hingabe für die Vision. Eine weitere Sache, die ich von Jesus gelernt habe, ist, dass er seine Ideen mit sehr einfachen Worten mitteilen konnte. Die Menschen sind bereit, sich für eine einfach formulierte, aber überzeugende Vision einzusetzen, besonders, wenn der Anführer sie vorlebt.

Ich hatte den Prozess der Loyalitätsbildung in die Wege geleitet. Je mehr ein Mitarbeiter andere bat, ein gutes Wort für ihn einzulegen, desto weiter nach unten rückte er auf meiner Liste. Die »Sichersten« kapierten allmählich, worum es ging.

Von Anfang an musste ich mich auch mit der Frage der Gehälter auseinandersetzen, die sehr niedrig waren. Ich sagte meinen Mitarbeitern, dass sie meines Erachtens zu wenig bekamen, und dass ich wünschte, sie würden mehr verdienen. Aber ich sagte ihnen auch, dass ich der Öffentlichkeit beweisen müsse, dass das Industrie- und Handelsministerium gut funktioniere. Die Leute müssten das spüren. Sobald dies der Fall sei, würde ich mich sehr um eine Erhöhung ihrer Gehälter bemühen. Aber ich wusste auch, dass dies nur ein Teil meiner Arbeit war. Ich musste dafür sorgen, dass mein Personal stolz darauf war, im Staatsdienst zu arbeiten. Sie sollten sich dessen bewusst sein, dass sie zum Wohlergehen des gesamten Landes beitrugen. Das Industrie- und Handelsministerium verfügte jedoch ganz offenkundig über die schlechtesten Arbeitsbedingungen aller Ministerien.

Ich sagte dem Präsidenten: »Diese Leute arbeiten in Räumen wie Rattenlöcher.« Wir fingen sofort an, nach einem neuen Gebäude zu suchen. Die Regierung hatte ein früheres Bankhaus erworben, und so konnten wir das Ministerium dorthin verlegen. Es hatte eine großartige Lage.

Viele Mitarbeiter hatten früher Bestechungsgelder und unrechtmäßige »Zahlungen« erhalten. Ich sorgte dafür, dass die gesamte bisherige Arbeitsweise des Ministeriums umgestaltet wurde. Früher floss das Geld ganz informell zu und von den »Unberührbaren«, die in hohe Stellungen gelangt waren. Ich setzte andere Leute auf diese Posten, die noch nicht in die bisherigen Praktiken verwickelt waren.

Doch noch immer hatten wir zwei große Probleme: die niedrigen Gehälter und ein mangelndes Bewusstsein von Würde innerhalb der Abteilung.

Ich erhöhte das Budget mehrmals, um den gesamten Betrieb des Ministeriums zu verbessern. Ich stieß auf großen Widerstand, als ich ein Computerprogramm einzusetzen versuchte, um die Zahlungen systematisch zu verbuchen, denn damit verringerten sich die möglichen »Unter dem Tisch«-Geschäfte ganz dramatisch. Das Industrie- und Handelsministerium war als ein sehr korruptes Ministerium bekannt. Aber der Präsident hatte uns befohlen, nicht zurückzuschauen oder diejenigen zu verfolgen, die Unrecht getan hatten, sondern nach vorne zu blicken. Die Öffentlichkeit merkte allmählich einige Verbesserungen und begann, unsere Maßnahmen zu unterstützen. Und mir brachte es viel Unterstützung von Unternehmerseite ein.

Ich ließ insgesamt etwa 50 Personen nicht aus den Augen, die wir versetzen wollten, weil es einige Zweifel in Bezug auf ihre Arbeit im Ministerium gab. Ich sprach mit ihnen und hörte ihnen zu, um sie zu einer Änderung ihrer Arbeitsweise zu bewegen. Sie sagten mir: »Herr Minister, wir tanzen nach der Musik, die unser Vorgesetzter macht. Wir werden auch nach Ihrer Musik tanzen.« Die Niedrigkeit ihrer Gesinnung machte mich traurig. Sie brauchten Hilfe. Wir versuchten, sie in anderen Stellen unterzubringen, wo sie dem Geld nicht so nahe waren.

Wir bemühten uns, Abläufen eine rechtmäßige Form zu geben. Ich habe mich vom ersten Tag an darum bemüht, solide Verwaltungsverfahren einzuführen. Und wir taten alles, was in unserer Kraft stand, um die Privatwirtschaft gut zu behandeln. Hoffentlich protestieren die privaten Industrie- und Handelsbetriebe, sofern die alten Praktiken jemals wieder aufgenommen werden sollten.

Früher musste ein Unternehmen zum Beispiel ein Produkt bei 17 Stellen registrieren lassen, bevor es exportiert werden konnte. An diesen Stellen gab es zahlreiche Korruptionsmöglichkeiten. Heute kann man diese Registrierung an einer einzigen Stelle vornehmen. Es ist alles mit Hilfe von Computern automatisiert. Die Registrierungsbescheinigung ist innerhalb von 48 Stunden fertig. Wir haben heute tatsächlich eines der besten Systeme in Lateinamerika, was die offene und transparente Beschaffung betrifft.

23 Monate nach meiner Amtsübernahme wurde das Industrie- und Handelsministerium als eine der bestfunktionierenden Regierungsabteilungen bewertet. Aber das hatten wir keineswegs reibungslos erreicht.

Kapitel 9

Meinen Weg finden

I ch hatte ein strenges Prinzip: »Wir werden niemanden belügen und keine falschen Hoffnungen wecken.« Durch falsche Hoffnungen würde man noch mehr von uns erwarten, als wir jetzt schon mit äußerster Anstrengung zu tun versuchten. Es war schwer genug, das zu halten, was wir versprochen hatten.

Als ich Industrie- und Handelsminister wurde, wollte ich die Produktion von Ethanol steigern, um Arbeitsplätze zu schaffen. Kraftstoffe wurden seinerzeit aus zwölf Prozent Ethanol und 88 Prozent Benzin gemischt. Gesetzlich war es möglich, den Ethanol-Anteil auf 20 Prozent zu erhöhen und den von Benzin auf 80 Prozent zu senken. Ich rief also alle Ethanolproduzenten zusammen und beriet mich mit ihnen darüber, wie wir diesen Markt ausbauen könnten. Paraguay importiert Benzin, aber es bestanden gute Aussichten, die Inlandsproduktion von Ethanol zu steigern. Nach dem Treffen mit den Ethanolproduzenten setzte ich mich mit den Tankstellenbesitzern zusammen und wir überlegten, wie der Ethanolmarkt vergrößert werden könnte.

Gesetzlich war ich als Industrie- und Handelsminister ermächtigt, den Prozentsatz der Beimischung von Ethanol in Kraftstoffen festzusetzen. Mit großer Begeisterung gelang es uns, die Ethanolproduktion zu steigern und den Anteil der Beimischung in verhältnismäßig kurzer Zeit zu erhöhen. Wir beriefen eine große Pressekonferenz ein, um die sich daraus ergebende Schaffung von Arbeitsplätzen bekannt zu geben. Einige Monate später erhöhten wir den Ethanolanteil auf 14 Prozent, und schließlich auf 16 Prozent.

Dann war die Zuckerrohrernte vorbei, und wir hatten nicht genug Ethanol. Die Ölkonzerne baten mich um eine Reduzierung des Ethanolanteils. Doch das ergab meines Erachtens keinen Sinn. Die Ölfirmen gerieten in Aufregung. Ich erkundigte mich bei Fachleuten:»Warum sollte ich ein Gesetz unterschreiben, das eine Reduzierung des Ethanolanteils erlaubt?« Ihre Erklärung kam mir sinnlos vor, und ich glaubte ihnen nicht. Andere Fachleute waren immerhin ausdrücklich dagegen, den Ethanolanteil zu senken. Deshalb fragte ich die Lobby, die für weniger Ethanol im Kraftstoff eintrat, klipp und klar:»Wer profitiert von einer Erhöhung des Ethanolpreises?«

Sie bestätigten mir, was ich bereits wusste: Wenn die Preise steigen, profitieren die kleinen Zuckerrohrproduzenten davon. Durch das Verhältnis von Angebot und Nachfrage würde der Ethanolpreis immer mehr steigen. Und das wollten die Ölkonzerne natürlich verhindern. Eine breite öffentliche Debatte entstand darüber, warum der Minister sich weigerte, einen niedrigeren Ethanolanteil zu genehmigen. Eines Tages las ich in einer Zeitung:»Die Resolution befindet sich auf dem Tisch des Ministers und ist dort schon eine ganze Weile (das stimmte ...), aber er ist nicht bereit, sie zu unterschreiben!« Ich hatte ganz eindeutig einen empfindlichen und starken Lebensnerv des sozialwirtschaftlichen Systems angetastet.

Ich wusste, dass es zu einem richtigen Mangel an Ethanol kommen konnte, aber eine nochmalige Senkung des Preises und des Anteils würde negative Auswirkungen auf die Produzenten haben. Ich begann, regelmäßig für diese Sache zu beten. Ich beriet mich mit meinen engsten Mitarbeitern. Wir wollten gemeinsam zu einer Entscheidung gelangen, die für so viele Menschen wie möglich die beste war. Einige Fachleute im

Ministerium vertraten die Interessen der Benzin- und Tankstellenlobby. Sie sagten: »Herr Minister, wir haben gar nicht genug Ethanol für einen 18-prozentigen Anteil in der Mischung. Wir müssen dringend etwas unternehmen!« Mir ging es allerdings mehr um die armen Zuckerrohrproduzenten. Aber wenn es *tatsächlich* zu einem Ethanolmangel käme, würde ich Schwierigkeiten bekommen.

Ich beschloss also, eine Resolution zu unterschreiben, dass der Ethanolanteil »bis zu 18 Prozent« betragen sollte. Das bedeutete, dass es weiterhin einen Bedarf an Ethanol geben würde, wenn dieser aber nicht gedeckt werden konnte, würde das kein Verstoß gegen das Gesetz sein.

Ich erließ zugleich eine Erklärung, dass wir den Ethanolanteil auf 20 Prozent und dann auf 24 Prozent steigern würden, sobald die nationale Produktion diesen Anteil decken konnte. Diese Erklärung ermöglichte den Lieferanten die sichere Abnahme ihrer Lieferungen. Ich wiederholte den Slogan: »Arbeit für alle«, und bestätigte, dass ich ganz entschieden auf der Seite der Zuckerrohrproduzenten stand.

Diese Stellungnahme hatte zwei Folgen. Ich hatte mir ein paar mächtige Feinde geschaffen. Und in einem Zeitraum von vier Jahren konnten wir die gesamte Ethanolproduktion des Landes vervierfachen.

Der Preis dafür, sich als Industrie- und Handelsministerium auf die Seite der Armen zu stellen, ist zweifellos hoch. Aber wer den Mut hat, das zu tun, wird sehr bald ermutigende Resultate feststellen. Ich möchte anerkennend erwähnen, dass einige Tankstellenbesitzer die Lage vollkommen verstanden und meine Entscheidung unterstützten.

Heute, vier Jahre später, stehe ich nicht mehr im Staatsdienst, und kann mit Genugtuung feststellen, dass die Ethanolsituation in allen Bereichen ganz enorm gereift ist. Die Produktion ist gesichert. Man ist allgemein dafür, Treibstoffe biologischen oder organischen Ursprungs zu verwenden. Diesem Konsens ist es zu verdanken, dass die Regierung ein Dekret erlassen hat, das die steuerfreie Einfuhr von Fahrzeugen mit flexiblem Antrieb genehmigt. Ihre Motoren können Benzin, Ethanol und jegliche Mischung aus beiden verarbeiten. Dieses Dekret garantiert die Möglichkeit einer weiteren Steigerung der Ethanolproduktion und somit eine bessere Zukunft für die Zuckerrohrproduzenten im ganzen Land.

Bevor ich mein Amt in der Regierung antrat, versuchte ich, etwas über Kommunikation und den Umgang mit Reportern, Zeitungen und dem Fernsehen zu lernen. Da der Präsident zuvor Journalist gewesen war, erzählte ich ihm, wie wenig ich darüber wusste. Ich bat ihn, mich zu unterrichten. Ich wollte mir alle seine Ratschläge aufschreiben. Aber er sagte mir nur einen Satz, an den ich mich lebhaft erinnere: »Wenn du Mist baust, spüle ihn ab.« Ich hatte mehr Hilfe erwartet, aber er meinte, das sei genug. Er wollte mir damit sagen, dass ich Fehler machen würde, aber trotzdem weitermachen sollte.

Ich bat einige weitere Fachleute um ihren Rat. Einer erklärte mir, wie das Nachrichtenwesen funktioniert. »Die Überschrift: ›Hund beißt Mann‹ ist keine Nachricht, weil das weder besonders noch überraschend ist. Aber wenn es andersherum heißt: ›Mann beißt Hund‹, dann gibt das eine großartige Geschichte und eine Aufsehen erregende Neuigkeit.« Damit wollte er mir zeigen, dass Zeitungen verkauft werden, und deshalb sensationelle Nachrichten bringen müssen. Ein anderer Führer der Colorado-Partei und Minister sagte mir: »In einen geschlossenen Mund geraten keine Fliegen.« Ich versuchte, mich an diese Lektionen des Präsidenten und seiner Freunde zu halten. Je mehr Erfahrungen ich sammelte, desto mehr verstand ich die Weisheit ihrer Ratschläge.

In einer angesehenen Regierungsposition zieht man viele Feinde und Leute an, die deine Arbeit gerne kritisieren, einschließlich der Presse, die eine ganz besondere Begabung dafür hat, deine Fehler hervorzuheben. Ich habe einmal irgendwo gelesen: »Wenn du eine giftige Schlange verfolgst, die dich gebissen hat, so wirst du damit nur erreichen, dass sich das Gift über den ganzen Körper verbreitet. Man kann nur eins tun: das ganze Gift so schnell wie möglich aus seinem Körper ziehen.«

Wenn ich hart angegriffen wurde und meine Frustration einen Grad erreichte, dass ich darüber nachdachte, wie ich den Leuten schaden konnte, merkte ich, dass der »Schlangenbiss« mich bereits vergiftete. Ich suchte dann nach Möglichkeiten, das Gift wieder loszuwerden. Ich entwickelte eine Strategie für die Bekämpfung meines Ärgers: Ich schrieb Briefe an die Menschen, die mich verletzt hatten, schickte diese Briefe aber niemals wirklich los. Diese Übung half mir ganz enorm. Das praktiziere ich von Zeit zu Zeit noch heute ...

Ich musste das Industrie- und Handelsministerium mit Technikern und Fachleuten besetzen. Zugleich benötigte ich Unterstützung in meiner Nähe, damit ich durch die tägliche Belastung nicht von meinem Weg abirrte. Ich musste meine Vision fest im Auge behalten.

In meinen Firmen und jetzt auch in der Regierung hatte ich gerne Leute vom Rande der Gesellschaft in meinem Mitarbeiterstab. Mit ihnen kann ich mich gut identifizieren. Ihr Maß an Einsatzbereitschaft ist ganz enorm, viel höher als bei den »Heiligen des Herrn« und den fachlich längst qualifizierten Leuten. Mein Chauffeur, der später Lucys Chauffeur wurde und dann unser Grillmeister, war früher Häftling. In meinen Betrieben habe ich immer wieder Mitarbeiter eingestellt, die im Gefängnis gewesen waren. Sie kennen mich und wissen, wie ich mich öffentlich und privat verhalte. Sie helfen mir, mich zu beruhigen, wenn ich fast explodiere, denn sie haben gelernt, zu vergeben und barmherzig zu sein. Sie haben ganz beträchtliche Schwächen und machen viele Fehler. Aber sie haben sich nicht unterkriegen lassen, und die Hingabe und der Ehrgeiz, die sie dadurch erlangt haben, sind für mich eine große Hilfe. Ich vertraue ihnen. Ich bin loyal ihnen gegenüber und lasse mich von ihnen beraten.

Mit meinen führenden Mitarbeitern baute ich ein starkes Vertrauensverhältnis auf, und ich setzte mich dafür ein, ihr öffentliches Ansehen zu schützen. Doch ich machte leider auch Fehler. Einmal ärgerte mich ein Mitarbeiter ziemlich, und als er mich wieder einmal aus der Fassung gebracht hatte, kritisierte ich ihn öffentlich. Wir waren als Gruppe mit dem Präsidenten in Belgien, und dieser Mann sollte mir, wie immer, für eine Zwischenlandung in Paris ein Hotelzimmer neben dem des Präsidenten reservieren. Er hatte jedoch nur ein armseliges Zimmer in einem anderen Hotel bekommen. Die ganze Reise war schlecht geplant, was nicht die Schuld dieses Mannes war. Jedenfalls war ich vollkommen frustriert, und es war niemand anders da, an dem ich meinen Ärger ablassen konnte. Ich stellte ihn vor die Wahl, und zwar laut genug, dass jeder es hören konnte: »Entweder du besorgst mir das richtige Hotelzimmer in Paris oder ich lasse dich öffentlich hängen ...!«

Der gute Mann verstand, und nächstes Mal bekam ich sogar ein besseres Zimmer als der Präsident. (Das merkte ich daran, dass der Präsident zu den Besprechungen in mein Zimmer kam!) Nachdem mein Mitarbeiter sich selbst übertroffen hatte, kam er zu mir und sagte: »Bedrohen Sie mich nie wieder öffentlich!« Er war frisch verheiratet und mehr darum besorgt, die Wünsche seiner Frau zu erfüllen als die unserer Gesandtschaft. Ich empfahl ihm, meine Anweisungen nicht mit denjenigen seiner Frau zu verwechseln ... Aber er erinnerte mich daran, jeden Menschen respektvoll zu behandeln, ganz gleich, wie frustriert ich war.

Wenn ich tatsächlich Einfluss auf mein Personal und mein Ministerium ausüben wollte, würde das nur möglich sein, wenn meine Mitarbeiter mich achteten und deshalb meiner Führung folgten, und weil ich sie ebenfalls respektierte – und nicht, weil das von ihnen erwartet wurde oder weil ich autoritär war und darauf bestand. Ich begann, mehr auf mein und ihr Benehmen zu achten. Erwies ich ihnen aufrichtige Achtung – und empfanden sie mir gegenüber ebenfalls aufrichtige Achtung?

Kapitel 10

Meine Schule: das Gefängnis

Unsere Kirche im Zentrum von Asunción betreibt eine aktive Gefängnisarbeit. Ich beteilige mich schon seit 14 Jahren daran, zusammen mit anderen Gemeindegliedern, darunter auch Geschäftsleute. Als ich bereits eine Weile in der Leitung dieses Arbeitsbereiches mitarbeitete, allerdings nicht sehr aktiv, lernte ich Félix Duarte kennen. Er war vor etwa 25 Jahren ins Gefängnis gekommen, weil er einen Menschen getötet hatte.

Félix ist ein geborener Leiter. Er ist ein redlicher Mensch, aber an einem Moment in seinem Leben hat er die Selbstbeherrschung verloren. Zudem hatte er damals Freunde, die einen schlechten Einfluss auf ihn ausübten, so dass er in eine äußerst verzwickte Lage geraten war. Ich fühlte mich zutiefst bewegt, als ich ihn kennen lernte. Ich wusste, dass ich selbst das gleiche Verbrechen hätte verüben können.

Als ich seine Geschichte hörte, kam ich zu der Überzeugung, dass wir als Gemeinde mit unserer Gefängnismission wirklich ernst machen mussten. Es war mir wichtig, dass diese Mission zur Gemeinde gehörte, denn ich glaubte, dass sie auch für die Gemeinde selbst gute Auswirkungen haben könnte. Ich versuchte also, mehr Leute dafür zu motivieren. Und ich erklärte

Félix Duarte.

Félix Duarte und Ernst Bergen beim Nationalen Gebetsfrühstück in Washington.

mich bereit, diese Mission zu leiten, was ich nun bereits seit zwölf Jahren tue. Es war eines der wenigen Ehrenämter, die ich behielt, als ich Industrie- und Handelsminister und später Finanzminister wurde. Es wurde mir sehr wichtig, während meiner Zeit in der Regierung weiter in meiner Kirchengemeinde mitzuarbeiten.

Mein ständiger Kontakt mit den Gefangenen und früheren Sträflingen hat mich maßgeblich geprägt. Ich werde immer wieder daran erinnert, dass auch Verantwortungsträger unter Druck Fehler machen können. Das Leben von Félix wurde durch *eine* impulsive Tat radikal und für immer verändert. Aber durch Reue und die Erlösung durch Gottes Gnade wurde er ein neuer Mensch. Dankbar für das, was er von Gott erhielt, engagierte er sich nun mit allen Kräften dafür, die Arbeit unserer Gemeinde mit den Gefangenen wirkungsvoller zu gestalten.

Als Félix seine Haft abgesessen hatte und aus dem Gefängnis entlassen wurde, versuchte er, sich unserer Gemeinde anzuschließen. Die Gemeinde wollte ihn zu einem »Mennoniten« mit ihren traditionellen Sitten und Regeln machen, wie sie viele Mitglieder lebten. Aber er passte nicht in diesen Lebensstil. Manche Leute gaben es schon fast auf, ihn zu unterstützen, aber glücklicherweise kam es zu keinem Bruch zwischen ihm und der Gemeinde. Heute ist er einer der wichtigsten Mitarbeiter in unserer Gefängnismission und leitet die seelsorgerliche Wiederherstellungs- und Wiedereingliederungsarbeit.

Vor kurzem konnten wir neben den vielen Reformen, für die wir uns seit Jahren eingesetzt haben, auch ein neues Gebäude innerhalb des Gefängnisses errichten, wo die Ehefrauen der Häftlinge sie besuchen und sogar eine Nacht mit ihnen in einer würdigen und privaten Atmosphäre verbringen können. Unserer Gemeinde fiel es zunächst etwas schwer, diese Idee zu unterstützen ... In diesem Gebäude befinden sich auch ein Büro und eine Werkstatt, denn es gehört zu unseren Zielen, die Insassen positiv zu aktivieren.

Auch eine Kirche samt Taufbecken konnten wir in dieser Justizvollzugsanstalt errichten, und darin wurden inzwischen bereits über 860 Menschen getauft; das übertrifft die Anzahl unserer Gemeindeglieder. Zur Zeit haben wir mehr als zehn voll angestellte Mitarbeiter, die nur im Gefängnis arbeiten. Über 700 Gefangene nehmen verbindlich an unserem Seminar über die Bibel teil. Die Gefängnisverwaltung hat uns gebeten, auch Unterricht in Allgemeinbildung, in technischen Fächern und in Leiterschaft anzubieten. Seit kurzem ist in Zusammenarbeit mit einer örtlichen weiterführenden Schule auch ein Jurastudium per Internet möglich.

Mir ist es wichtig, auch weiterhin in diesem Dienstbereich unserer Gemeinde mitzuarbeiten, denn das hilft mir, dankbar zu sein für die vielen Möglichkeiten, die ich in meinem eigenen Leben erhalten habe. Ich konnte mich dafür einsetzen, dass Félix von der Gemeinde finanziell unterstützt wird, so dass er nach seiner Entlassung weiter in den Gefängnissen arbeiten konnte.

In der Öffentlichkeit werden diese Aktivitäten durchaus wahrgenommen. Besucher des Gefängnisses werden durch die Pavillons der Gemeinde *Libertad* (Freiheit) und die Gebäudekomplexe geführt, die von unserer Gemeinde finanziert wurden. Vor drei Monaten hat jedoch ein Häftling in diesem Teil des Gefängnisses Selbstmord begangen. Das erinnert uns schmerzhaft daran, dass unsere Arbeit nur ein Tropfen auf den heißen Stein eines trostlosen Rechtssystems ist.

Ein Grundsatz unseres Dienstes ist es, uns nicht in die Gerichtsverhandlungen der von uns betreuten Gefängnisinsassen einzumischen. Unsere Angebote haben damit nichts zu tun. Wir wenden uns auch nicht an die Richter, um etwa Fürsprache einzulegen. Den Gefangenen geistlich zu helfen, ist eine Herausforderung für unsere Gemeinde, die nach klaren Regeln funktioniert. Doch diese Welt ist eine verwirrende Welt.

Einmal wollte ein Gefangener mit mir sprechen, der sich offenbar dem christlichen Glauben zugewandt hatte. Er hatte schon drei Frauen, und jetzt hatte er sich auch noch in eine vierte verliebt. Nun fragte er mich, was er tun sollte. Ich empfahl ihm, sich an einen Pastor zu wenden ... Doch einfache Ratschläge verlieren unter solchen Umständen schnell ihre Wirkung. Wir sagen Gefangenen zum Beispiel auch niemals, dass sie aufhören sollten, zu rauchen oder zu trinken. Aber wir begleiten sie so lange, bis sie durch das Studium der Bibel und die Art unserer angebotenen Unterstützung von selbst darauf kommen, was ihnen gut tut und was nicht.

Wir stellen bereits seit Jahren entlassene Häftlinge in unseren Betrieben an, und ich habe anderen Unternehmern wärmstens empfohlen, dies ebenfalls zu tun. Inzwischen hat sich eine Gruppe von Geschäftsleuten aus unserer Gemeinde verpflichtet, entlassene Strafgefangene einzustellen. Dafür ist ein ganz beträchtliches Maß an Mut und Risikobereitschaft erforderlich, denn es bedeutet, einen Betrieb einer mit Problemen belasteten

Person auszusetzen. Aber Wiedereingliederung in die Gesellschaft kann nur auf diese Art gelingen. Natürlich haben wir in diesen Situationen das untrügliche Gefühl, dass unsere Grundsätze und unsere Sicherheit gefährdet sind. Aber gerade deshalb müssen wir uns alle entweder aktiv daran beteiligen oder die Sache zumindest unterstützen. Félix erklärt: »Niemand verlässt das Gefängnis so, wie er hineingekommen ist. Er verlässt es entweder als besserer oder als schlechterer Mensch. Was dann draußen mit ihm geschieht, hängt hauptsächlich davon ab, ob da jemand ist, der ihm hilft, und ob er die Hilfe annimmt.«

Als ich Mitglied der Regierung wurde, stellte ich einen früheren Mörder als Chauffeur meiner Frau Lucy an. Er hatte jemanden getötet, um einen Freund zu schützen. Er hatte damals beschützen und nicht töten wollen. Heute ist er Christ. Dieser Mann ist treu und zuverlässig, aber seine Vergangenheit schockierte die Sicherheitsbeamten dermaßen, dass sie beschlossen, ihn besonders scharf zu beobachten. Dadurch wurde Lucys Fahrer für diese Beamten ein lebendiges Beispiel gelebten Christseins. Heutzutage studieren ehemalige Häftlinge an den theologischen Seminaren der Mennoniten.

Die Arbeit mit Gefangenen hat mich sehr verändert und mir geholfen, gewissenhafter zu leben. Die Gesellschaft – und da schließe ich mich selbst ein – beurteilt viele Gefangene falsch. Ich habe im Gefängnis Menschen getroffen, die viel besser sind als ich. Sie haben – oft aus Stress oder aufgrund von Provokation – in *einem* dunklen Augenblick *einen* Fehler begangen, der nur zwei oder drei Minuten ihres Lebens ausmachte. Und dafür wurden sie in ein Gefängnis gesperrt und von der Gesellschaft isoliert. Immer wenn ich dort jemanden besuche, danke ich Gott, dass ich frei bin.

Ich habe gelernt, mit der Verurteilung und Ablehnung von Menschen sehr zurückhaltend zu sein. Wenn ich mit Gefangenen spreche, rede ich nicht mit »geringeren« Leuten. Im Gegenteil, sie sind mir menschlich oft überlegen, wie zum Beispiel mein guter Freund Félix. Unsere Gesellschaft hat den Gefangenen gegenüber sehr viel mehr Verantwortung, als wir zugeben wollen.

Im Mai 2005 bat Nicanor mich, das Industrie- und Handelsministerium zurück zu lassen und Finanzminister zu werden. In dieses Ressort gehört die Überwachung des gesamten Staatshaushalts und die Führung von über 200 000 Angestellten. Ich erschrak. Im Anschluss an einen Gottesdienst rief ich die Leitung unserer Gemeinde zusammen und meinte: »Das kann ich niemals tun. Das wird schief gehen, wenn Gott nicht ein Wunder tut.« Ich werde nie vergessen, dass es mein Freund Félix war, der ehemalige Sträfling – ein Mörder –, der mir half, auf diese schockierende Anfrage des Präsidenten eine Antwort zu finden: »Ernst, vergiss nicht, dass Gott schon vor dir im Finanzministerium war.«

Kapitel 11

Gut gemacht – aber nicht gut genug verkauft

Mich an der Regierung zu beteiligen, war eines der drei größten Risiken, die ich in meinem Leben eingegangen bin. Vom Industrie- und Handelsministerium ins Finanzministerium zu wechseln, war das zweitgrößte.

Wir hatten genug Krisen im Industrie- und Handelsministerium erlebt, aber 21 Monate später hatte ich die Zügel in diesem Ministerium in der Hand. Wir fingen an zu ernten, was wir gesät hatten.

Ich hatte also nicht die Absicht, ein anderes Ministerium zu übernehmen. Mit meinen Gaben und meiner Erfahrung passte ich ganz gut zu den Arbeitsbereichen Handel, Industrie und der Schaffung von Arbeitsplätzen, und überall verzeichneten wir positive Ergebnisse. Das Finanzministerium ist das bei weitem herausforderndste Ministerium Paraguays, das über die Wirtschaft des Landes bestimmt und die Mittel für den Staatshaushalt beschafft. Es stand zuvor unter der Leitung von Dr. Dionisio Borda. Er war ein ausgewiesener Fachmann mit solider Berufserfahrung, die ihn für diese Aufgabe qualifizierte. Mit fester Hand schaffte er die Voraussetzungen, dank welcher die notwendigen Reformen durchgeführt werden konnten. Zusammen

mit seinem Team erfahrener Mitarbeiter hatte er durch Steuer-
und Wirtschaftsreformen außerordentliche Ergebnisse erzielt.
Die Steuereinnahmen zum Beispiel stiegen. Dr. Borda beschloss
jedoch, zurückzutreten, und so entstand im Kabinett eine kritische Lücke.

Nach einigen langen nächtlichen Sitzungen hatte der Präsident mich überredet, Finanzminister zu werden, obwohl ich
diese Verantwortung nicht übernehmen wollte. Mir wurde
sofort klar, dass dies eine doppelte Herausforderung für mich
war. Einerseits wollte ich dem bestehenden Team Sicherheit
bieten und sie motivieren, ihre gute Arbeit fortzusetzen. Ich war
niemals der Meinung, dass eine neue Führungskraft alles ver-
achten sollte, was bisher getan worden war. Und ich war fest
davon überzeugt, dass beides notwendig war: das zu stärken,
was bereits gut lief, und Mängel zu beheben. Glücklicherweise
waren die meisten Angestellten im Finanzministerium bereit, zu
bleiben und mit mir weiterzuarbeiten.

Meine zweite Herausforderung bestand darin, falsche Erwar-
tungen des Handels zu unterbinden, der immer weniger Steuern
zahlen wollte. Da ich selbst aus dem Handel kam, hoffte man,
ich wäre hier etwas lascher, was für die arme und arbeitslose
Mehrheit unseres Landes freilich kein Vorteil gewesen wäre.
Ich musste also vom ersten Tag an ein klares Zeichen setzen.
Auf meiner ersten Pressekonferenz als Finanzminister brachte
ich zum Ausdruck, dass ich ein treuer Verbündeter auch des
Handels und bereit sei, über jedes Thema zu sprechen – mit
Ausnahme von Steuersenkungen. Zudem gab ich die strikte
Anweisung, dass im ganzen Ministerium niemand über Steuer-
senkungen oder gar -befreiung auch nur sprechen dürfe. Diese
Entscheidung wurde mit großer Reife aufgenommen.

Nun musste ich schnell und entschieden vorgehen. In den
ersten Wochen gelang es uns, einige Finanz- und Steuerrefor-
men per Gesetz durchzuführen. Dieses Gesetz sah eine allmäh-
liche Steuersenkung von 30 auf zehn Prozent für Firmen vor
– unter der Bedingung, dass zugleich eine persönliche Einkom-

mensteuer in Höhe von zehn Prozent für Menschen mit höherem Einkommen eingeführt würde. Dies betraf nur die Reichsten, und damit weniger als ein Prozent der Bevölkerung.

Das Parlament hatte jedoch die Möglichkeit, die Einführung dieses Gesetzes zu verzögern, und beschäftigte sich konkret damit, davon Gebrauch zu machen. Und dann setzte in der Presse eine große Debatte über die persönliche Einkommensteuer ein. Der Präsident wurde von seiner Partei und vom Parlament unter Druck gesetzt, diese Idee wieder aufzugeben. Obwohl nur die Elite davon betroffen gewesen wäre, gelang es unseren politischen Gegnern, in den Medien und der Öffentlichkeit eine äußerst negative Einstellung gegenüber diesem Gesetz zu schaffen. Eine heftige Debatte beschäftigte die Zeitungen, Radio und Fernsehen. Wir waren nahe daran, diese Auseinandersetzung zu verlieren.

Da bat mich der Präsident eines Tages, um 17.00 Uhr in sein Büro bei ihm Zuhause zu kommen. Um diese Tageszeit beschäftigte er sich meistens mit den unangenehmen Angelegenheiten. Als ich sein Büro betrat, saß da bereits einer der Bezirksvorsitzenden der Colorado-Partei. Diese Partei des Präsidenten setzt sich aus über 1 000 Bezirken zusammen, jede mit ihrem eigenen Vorsitzenden. Dies war also einer von ihnen. Von ihm lernte ich eine Menge darüber, wie Politiker denken und arbeiten ... Mit mir traf einer der reichsten und einflussreichsten Senatoren dieser Partei ein. Der Präsident kam uns entgegen und begrüßte den Senator – ein bekannter Geschäftsmann von etwa 70 Jahren. Der Präsident umarmte ihn inbrünstig: »Ich bin mir sicher, Sie sind gekommen, um mit mir über die persönliche Einkommensteuer zu sprechen. Nun, der Finanzminister ist auch gerade eingetroffen, und da ich nicht viel von diesen Details verstehe, werde ich euch beide allein lassen und mich mit diesem Bezirksvorsitzenden zu einer Besprechung zurückziehen.«

Ich begrüßte den Senator: »Ich freue mich über die Gelegenheit, mich in Ruhe und unter vier Augen mit Ihnen unterhalten zu können.« Er hatte bereits öffentlich gegen das Gesetz

Stellung genommen. Nun begann er, »um den heißen Brei« zu reden. Er sagte, wie wichtig dieses Gesetz sei und welch bedeutende soziale Priorität es hätte. Er schwadronierte darüber, wie gerne er Steuern zahle, da dies ja nur fair sei, und dass Paraguay eines der beiden einzigen Länder Südamerikas ohne persönliche Einkommensteuer sei, die doch für die soziale Gerechtigkeit unerlässlich sei. Engagiert erklärte er die Vorzüge dieses Gesetzes besser, als ich selbst es hätte tun können.

Ich war ganz überrascht. Das hatte ich nicht erwartet. Ich entgegnete:»Ich bin sehr beeindruckt von Ihrer Einsicht, dass man den Nöten der Armen unbedingt den Vorrang geben sollte. Für Ihre Unterstützung bin ich Ihnen sehr dankbar.«

Und dann fiel mir ein, dass ein Freund mir gesagt hatte: »Ernst, worauf es im Parlament ankommt, sind die Stimmen und nicht die Reden.« Ich fuhr also fort:»Exzellenz, hochverehrter Herr Senator, ich gratuliere Ihnen zu Ihrer patriotischen Vision. Ich nehme an, wir können mit Ihrer Stimme im Parlament rechnen?« Er schaute mich ebenso eindringlich an, wie er gerade die Vorzüge des Gesetzes gepriesen hatte, und antwortete:»Nein.« Ich musste mich zusammenreißen, um meine Selbstbeherrschung nicht zu verlieren. So taktvoll wie möglich fragte ich:»Wie, bitte, soll ich das verstehen?«

Der Senator holte aus:»Ich bin ein politisches Tier. Mein Ziel ist es, wiedergewählt zu werden. Sie haben jämmerlich darin versagt, die Öffentlichkeit davon zu überzeugen, dass dies ein wichtiges Gesetz ist. Und ich muss ganz einfach das wählen, was die Leute wollen. Ich muss auf der Seite der Wähler stehen.« Er erklärte weiter:»Nun sind Sie dran, eine starke Kampagne durchzuführen, um die Öffentlichkeit von der Notwendigkeit dieses Gesetzes zu überzeugen. Wenn Sie die Unterstützung der Öffentlichkeit gewinnen, dann haben Sie auch meine Stimme ...«

Nachdem der Präsident nebenan lange mit seinem Parteifreund gesprochen hatte, kam er schließlich heraus und begrüßte mich mit den Worten:»Ich bin mir sicher, dass ihr eine Lösung gefunden habt.« Ich folgte ihm in sein Büro, schilderte ihm, was ich gehört hatte, und schnell planten wir eine energische Kampagne, um die Unterstützung der Bevölkerung und der Beamten zu gewinnen.

Doch es war bereits zu spät. Wir hatten den Kampf schon verloren. Das Parlament verschob tatsächlich die Einführung des Gesetzes. Es ist bis heute nicht in Kraft getreten und somit auch nie wirksam geworden.

Ich hatte verstanden. In der Regierung genügt es nicht, alle guten Gründe auf seiner Seite zu haben. Man muss sie den Menschen auch einsichtig machen. Ja, überzeugen und nahe bringen mag zuweilen weit wichtiger sein als die bloße Richtigkeit einer Sache. Wenn die Einsicht vorhanden ist, entwickelt sie eine große Macht, denn dann sind die Leute davon überzeugt, dass es genau so sein muss. Über all das dachte ich viel nach. War meine Leistung nicht gut gewesen? Ich fing an, mir Vorwürfe zu machen. Und musste dann an das Vorbild Jesu denken.

Genau drei Tage vor seiner Kreuzigung wollten die Menschen Jesus zu ihrem König machen. Es hat mich tief bewegt, wie Jesus am Palmsonntag als König in Jerusalem einzog, und wie alles Volk davon überzeugt und voller Hoffnung war.

Aber das gefiel der Elite der politischen und religiösen Führer nicht, und sie brachten es fertig, die Meinung der Leute in nur drei Tagen zu ändern. Nachdem die öffentliche Meinung einmal von diesen Führern manipuliert worden war, sah die politische Obrigkeit sich gezwungen, Jesus zu kreuzigen. Pilatus konnte keinen Verstoß gegen das Gesetz feststellen, Herodes war gesetzlich befugt, die Hinrichtung zu verbieten. Beide, Pilatus und Herodes, wussten, dass es nicht gerecht war, was sie taten. Aber sie taten es schließlich doch, weil etwas Falsches auf eine populäre Art legitim schien.

Ich habe festgestellt, dass recht haben und die besten Absichten haben nur ein sehr kleiner Teil eines Änderungsprozesses sind, den man im Land durchführen möchte. Die wirkliche Herausforderung besteht darin, die Leute soweit zu bringen, dass sie an das *glauben,* was deines Erachtens getan werden sollte, was du für richtig hältst und ein Beweis deiner guten Absichten ist.

Ich sollte mich an diese Lektion noch einige Male erinnern. Im Dezember 2005 kämpfte der Präsident um seine Wiederwahl als Parteivorsitzender. Es ging heiß her. Das Parlament hatte einen überhöhten Staatshaushalt genehmigt. Wir verfügten jedoch gar nicht über die notwendigen Finanzen, um diese Forderungen zu erfüllen. Also rief ich meine Vizeminister und meinen Mitarbeiterstab zusammen und erklärte:»Dieses Jahr werden wir mit einem Plus abschließen, denn wir werden weniger Geld ausgeben, als wir einnehmen.« Sie protestierten:»Wir haben einen vom Parlament genehmigten Staatshaushalt, der ein Defizit von 1,6 Prozent vom Bruttosozialprodukt vorsieht. Dies ist ein entscheidendes Jahr für die politische Zukunft des Präsidenten. Die einzige Möglichkeit, die Ausgaben zu kürzen und das Budget somit auszugleichen, ist ein rigoroser Erlass des Präsidenten selbst. Und der wird so etwas zur Zeit nicht unterschreiben.«

Ich bat sie, so schnell wie möglich eine solche Anordnung auszuarbeiten. Wir erließen einen absoluten Einstellungsstopp für die kommenden vier Monate, bis also die Wahlen vorbei waren. Nur Krankenwagen und Polizeifahrzeuge durften noch angeschafft werden. Und ich traf einige weitere unbeliebte Maßnahmen, um Kosten zu sparen. Die Vizeminister mit ihren Teams arbeiteten schwer bis in die Nacht hinein an der Ausarbeitung des Erlasses. Ich bat sie, auch eine Präsentation zu erstellen, die unsere Botschaft in die Sprache der Politik übersetzte. Ich bereitete alles vor, was der Präsident brauchen würde.

Dann bat ich um eine Audienz bei ihm. Ich erklärte ihm, dass ich Verständnis für seine gegenwärtige politische Lage hätte, dass unser Land jedoch seine Anordnung benötige für einen Ausgleich des Staatshaushalts. Er saß in seinem großen Lehnstuhl. »Mach dir keine Sorgen, Ernesto«, meinte er. »Stellt diesen Erlass zusammen, ich werde ihn unterschreiben.« Ich hakte nach: »Danke, Herr Präsident, aber ich benötige noch mehr.«

Was kann ich dir sonst noch geben?, fragten seine Augen, während er mich mit einem Gesicht ansah, das deutlicher als tausend Worte sagte: *Ist das denn nicht genug?!* Ich bat darum, seinen Erlass in einer Kabinettssitzung in seiner Gegenwart erklären zu dürfen. Ich wusste, dass wir mit einer solchen Anordnung juristisch eine Grauzone betraten, und wir brauchten in diesem Augenblick den starken Rückhalt des ganzen Kabinetts. Die Regierung musste absolut geschlossen sein. Einige Minister würden unserem Vorschlag gegenüber sicher sehr skeptisch sein: Schließlich standen sie vor der Wiederwahl und wollten nicht an Popularität einbüßen.

Der Präsident setzte die Sitzung für zwei Tage später fest. Er wusste, wie er seine Minister quälen konnte. Deshalb fassten wir unsere Tagesordnungen etwas mehr zusammen und verhandelten untereinander, während er sich Dingen widmete, die anscheinend wichtiger waren. Das waren zwei harte Tage für mich.

Gewöhnlich machte ich bei solchen Kabinettssitzungen den Anfang, und dann übernahm mein Vizeminister Miguel Gómez die Hauptvorstellung. Er konnte komplexe Dinge einfach erklären.

Schließlich war es so weit. Der Präsident trat ein. Er übertrug mir die Leitung der Sitzung. Nun kam es darauf an, unser Gesuch geschickt zu präsentieren. Ich war also sehr förmlich, ruhig und sprach mit sanfter Stimme. Ich dankte den etwa 20 Anwesenden für ihre Mitarbeit. Ich war für die Bereitstellung von Finanzen zuständig, und diese Minister gaben sie aus. Ich wollte sie auflockern, entspannen, um sie in ihrem tiefsten Herzen anzusprechen, denn wir arbeiteten intensiv zusammen. Aber der Präsident unterbrach schon bald meine Bemühungen und meinte: »Ernesto versucht euch breitzuschlagen, um euch dann einen Messerstich zu verpassen. Das ist alles Scheiße. Ernesto, sag ihnen alles so hart, wie es ist.« Ich hatte jedoch gar niemandem geschmeichelt, sondern alles so gesagt, wie ich es

Ernst Bergen spricht vor Verantwortlichen im Regierungspalast.

wirklich meinte. Diese Kollegen hatten sich durch ihre Arbeit tatsächlich Anerkennung und Achtung verdient.

Dann übergab ich an meinen Vizeminister. Miguel ging unseren Vorschlag für den Erlass nun Punkt für Punkt durch. Einige Minister waren schockiert. Der Präsident selbst zeigte für einige Details jetzt mehr Verständnis. Ich zitterte, wollte am liebsten im Boden versinken. Die anderen luden offenbar ihre Geschosse. Ich blickte den Präsidenten an, um festzustellen, was hier vorging. Ich sah, dass sein Gesichtsausdruck nicht unbedingt friedlich war. Im Stillen bat ich Gott um Hilfe.

Schließlich meinte der Präsident: »Was wir gerade gehört haben, ist genau das, was ich von euch will.« Er schien längst begriffen zu haben, was dem übrigen Kabinett erst dämmerte. »Wer nicht bereit ist, das zu akzeptieren, der kann hier und jetzt seinen Rücktritt einreichen. Wenn ein unverantwortliches Ausgeben öffentlicher Gelder notwendig ist, damit ich an der Macht bleibe, bin ich nicht mehr daran interessiert, Präsident zu sein. Noch Fragen?«

Ein einziges Kabinettsmitglied stellte schüchtern eine Frage, gefolgt von einer Debatte über deren Bedeutungslosigkeit. Der Präsident hielt kurz inne und räumte allen Anwesenden die Möglichkeit ein, Einwände gegen seine Anordnung zu erheben. Dabei warnte er sie: »Wenn ihr das macht, werdet ihr sofort ersetzt. Ich bitte um eure Unterstützung, denn das ist es, was unser Land braucht.«

Dieser Erlass öffnete einen Weg für die begründete und verantwortliche Investition öffentlicher Gelder. Es war zugleich ein eindringlicher Appell an die Minister, aufrichtig zu arbeiten. Die einzige Bedingung, die der Präsident sich erbat, war, dass das Kultusministerium auch weiterhin Lehrer anstellen könnte, um das Schulwesen des Landes nicht zu schädigen. Ein neues Schuljahr hatte gerade begonnen.

Ich gelangte zu der Überzeugung, dass unsere Regierung und besonders der Präsident sich über die Nöte des Landes im Klaren waren. Aber die Bevölkerung Paraguays konnte sich nicht vorstellen, dass ihre Regierung mehr an die Nöte des Landes als an ihre eigenen Interessen denken sollte.

Diese Erfahrung machte mich zusammen mit meinem Mitarbeiterstab dem Rest des Kabinetts gegenüber noch loyaler. Mit neuem Eifer arbeiteten wir nun gemeinsam für das Wohl des Landes. Nach dieser Sitzung spürte ich eine starke Unterstützung und die Bereitschaft der ganzen Regierung, das zu tun, was für das Volk gut war. In diesem Augenblick waren der Präsident und das Kabinett bereit, den Preis zu zahlen, Risiken einzugehen und Vorteile aufzugeben, um unsere Wirtschaft zu stärken und bessere Lebensbedingungen für die Armen zu schaffen.

Kapitel 12

Einen klaren Kopf behalten

Ich wusste aus eigener Erfahrung: In Stresssituationen treffen auch Führungskräfte oft nicht die besten Entscheidungen. Deshalb hatte ich schon im Voraus darüber nachgedacht, wie ich mich schützen könnte, um meine natürlichen Schwachpunkte nicht noch zu verschlimmern.

Dabei hilft mir ein ganz einfacher Grundsatz – ich halte mich an die Tatsachen. Um die Zeitungen zu verstehen, muss ich die Bibel lesen. Diese Kombination beantwortet zwar längst nicht alle Fragen, aber sie gibt mir Halt und vermittelt mir die richtige Perspektive.

Morgens stehe ich meist um 6.30 Uhr auf. Lucy bereitet mir das Frühstück zu, und ich esse in meinem Arbeitszimmer zu Hause. Bis 7.45 Uhr lese ich dann und plane den bevorstehenden Tag. Während meiner Kabinettszeit traf ich um 8.00 Uhr in meinem Büro ein. Viele Leute hören morgens auf dem Weg zur Arbeit Radio. Doch meine erste Bitte an den Chauffeur war: »Lassen Sie das Radio bitte grundsätzlich aus.«

Während der Fahrt zum Büro erledigte ich eine ganze Reihe von Telefonanrufen an meine Mitarbeiter, gab ihnen Instruktionen für den Tag und klärte, was wichtig war. Gewöhnlich blieb ich dann bis 14.00 Uhr im Büro. Manchmal fuhr ich anschließend zum Mittagessen nach Hause und ruhte mich etwas aus. Wenn möglich, ging ich nachmittags zwei Stunden durch die Natur spazieren.

Während dieser Spaziergänge telefonierte ich meistens. Morgens im Büro ging ich kaum ans Telefon; meine Sekretärin Rachel nahm alle Anrufe entgegen. Während meiner Spaziergänge beantwortete ich diese Anrufe dann. In dieser Zeit war ich gewöhnlich zwei bis vier Stunden am Telefon. Und durch diese Gespräche erreichte ich oft mehr als auf allen Sitzungen, an denen ich teilnahm. Ich holte mir Rat und koordinierte die Arbeit, die im Ministerium getan werden musste.

Durch diese ungestörten Telefonzeiten konnte ich vielen Leuten zuhören und ihnen Mut zusprechen. Ich bereitete Sitzungen mit den Schlüsselpersonen vor und stellte fest, dass sie, wenn es die Zeit erlaubte, ihren Frust eher am Telefon äußerten als im Rahmen von Besprechungen und Sitzungen. Diese Arbeitsweise hatte den Vorteil, dass ich vielen Menschen, mit denen ich zusammen arbeitete, durch Zuhören, Ermutigung und Rat nah sein konnte.

Dann beschloss ich, möglichst keine Einladungen mehr zu gesellschaftlichen Anlässen an den Abenden anzunehmen. Fast jeden Dienstag erhielt ich drei Einladungen zu Veranstaltungen während der Woche. Weil ich einfach Zeit brauchte, um die Dinge zu bewerten, um nachzudenken und allein zu sein, nahm ich sie so gut wie nie an. Bei solchen Veranstaltungen würde mich immer irgend jemand um einen Gefallen bitten, Druck ausüben oder bestimmte Dinge von mir erwarten. Zum Glück hatte ich äußerst begabte Stellvertreter, die ich bei solchen Gelegenheiten bat, mich zu vertreten. Manche taten das sehr gerne, andere eher nicht …!

Der Präsident rief seine Minister gerne schon ab 5.00 Uhr morgens an, wenn er selbst seine Arbeit zu Hause aufnahm. Es machte ihm anscheinend Spaß, sie so verschlafen anzusprechen:

»So ist das also: Du schläfst, während ich arbeite!« Um 7.00 Uhr morgens begab er sich in sein Büro im Regierungspalast.

Gemeinsam mit unserer brillanten Außenministerin Leila Rachid konnte ich den Präsidenten davon überzeugen, dass wir am Morgen nicht so hellwach waren wie er, dass unsere Stellvertreter jedoch schon morgens geistig rege waren, und dass der Präsident sie ohne weiteres anrufen könne. Meine Vorgehensweise war recht ungewöhnlich, denn ein Anruf vom Präsidenten galt natürlich als etwas sehr Wichtiges, besonders, wenn er von seiner Residenz aus anrief.

Doch für mich war es einfach wichtig, mir den Morgen freizuhalten. Ich hatte zwei gute Gründe, warum ich so früh morgens auch nicht mit dem Präsidenten sprechen wollte. Zum einen war unsere Situation im Finanzministerium so kompliziert und anspruchsvoll, dass ich ungemein präsent bleiben musste. Und meine Stellvertreter wussten tatsächlich über alle Einzelheiten Bescheid, von denen auch der Präsident wissen musste.

Zweitens war dies grundsätzlich eine gute Strategie. Wenn es irgendeinen öffentlichen Zwischenfall gab, wie zum Beispiel einen Streik, dann konnte ich einen geeigneten Stellvertreter zwecks Beratung zum Präsidenten schicken. Dadurch würden der Präsident selbst und mein Mitarbeiterstab Zeit gewinnen, die Situation zu analysieren und das Tempo zu reduzieren, um nicht in etwas hineingepeitscht zu werden. Wenn ich öffentlich zu oft an der Seite des Präsidenten erschienen wäre, wären wir noch stärker mit Gesuchen bombardiert und von der Presse oder Lobbyisten zu raschen Stellungnahmen gezwungen worden. Wir mussten jedoch Zeit gewinnen, um uns zu beraten, bevor die Fragen auf uns niederprasselten.

Ich merkte bald, dass nicht alle Politiker automatisch dieselben Interessen hatten wie der Wirtschaftsminister. Politiker bemühen sich häufig nicht so sehr um gute Wirtschaftsdaten. Meine Mutter hatte mir schon früh beigebracht, dass man nur so viel ausgeben kann, wie man hat. Unser Präsident dachte von Natur aus allerdings eher wie mein Vater: Angesichts von sozialen Nöten versprechen wir erstmal, zu helfen. Und anschließend können wir immer noch darüber nachdenken, woher wir das Geld nehmen, das wir soeben versprochen haben. Durch diese unterschiedlichen Herangehensweisen geriet ich oft in einen harten Schlagabtausch mit dem Präsidenten. Wenn wir uns im Regierungspalast trafen, sagte er häufig: »Ernesto, das hier ist kein Geschäft. Wir sind nicht dazu da, mit Hilfe der hungernden Bevölkerung Geld zu verdienen, wie ihr Kapitalisten das gerne macht ...!«

Wichtig war natürlich, dass wir einander wirklich verstanden. Wenn der Präsident Delegationen empfing, die eigentlich nichts weiter brauchten als einen Tritt in den Hintern, damit sie endlich anfingen, ihre Hausaufgaben zu machen, wussten wir doch auch, dass wir ihnen irgendwie helfen mussten. Unsere Pflicht war es, den berühmten »sozialen Frieden« zu erhalten. Andernfalls würde man schnell streiken. Unsere Herausforderung bestand darin, bei diesen Verhandlungen so wenig wie möglich zu verlieren. Aber in solchen Augenblicken war meine Selbstbeherrschung immer wieder schwer in Gefahr. Der Präsident wusste das. Wir hatten deshalb vereinbart, dass mein äußerst begabter Stellvertreter Gómez mich bei solchen Sitzungen vertreten sollte; er regte sich nie auf. Er konnte den Delegationen glaubwürdig erklären, dass ganz einfach kein Geld da war, um ihnen zu helfen; dass er ihnen sehr gerne helfen würde, das Ministerium jedoch mit großen Einschränkungen kämpfen musste. Dann kündigte er an, sich darum zu bemühen, den Minister davon zu überzeugen, dass etwas getan werden musste.

Der Präsident war in diesen Situationen natürlich eifrig darum bemüht, seine Kompetenzen zu signalisieren. Er versprach solchen Gruppen also Hilfe und schürte ihre Hoffnung, dass es sogar mehr sein könnte, falls der Staatshaushalt dies zulasse. Das bedeutete dann, dass wir die Etats umschichten mussten, indem wir einige Posten kürzten und andere erhöhten und dann die Zustimmung des Parlaments für diese Änderungen einholten.

Audienz bei Papst Benedikt XVI. anlässlich eines Staatsbesuches im Vatikan.

Wenn wir es also mit einem komplizierten Problem zu tun hatten, rief ich den Präsidenten an und kündigte meinen Stellvertreter an. Ich versprach gewöhnlich, dass ich später selbst kommen würde, um diese Fragen bei einem Tee gemeinsam zu erörtern. Dieses Vorgehen war in der paraguayischen Kultur eher ungewöhnlich, aber ich glaube, es war ein besserer Dienst für das paraguayische Volk. Meine Stellvertreter kannten sich in vielen Details exzellent aus. Und sie übernahmen eine wichtige Filterfunktion, denn schließlich will jeder gerne direkt mit der wichtigsten Persönlichkeit sprechen. Sie konnten den Leuten vieles erklären und konkrete Schritte vorschlagen.

Ich hatte das Glück, fähige und loyale Mitarbeiter zu haben, die täglich zwölf bis 14 Stunden arbeiteten. Ich vertraute ihnen. Wenn sie Probleme hatten, war ich für sie da, und wenn ich sie brauchte, konnte ich mich auf sie verlassen. Manchmal weinten wir buchstäblich miteinander. Miguel Gómez war mein Vizefinanzminister, Andreas Neufeld der Vizeminister für Steuern, Jorge von Horoch Vizeminister für Wirtschaft und wirtschaftliche Integration und Max Rejalaga der Leiter der Beschaffung.

Aufgrund dieser hervorragenden Teamarbeit innerhalb des Finanzministeriums in Verbindung mit der Unterstützung des Präsidenten und vieler Parlamentsmitglieder (die unsere Arbeit schließlich billigen mussten) konnten wir in den vier aufeinander folgenden Jahren unserer Verwaltung zum ersten Mal seit Beginn der paraguayischen Demokratie einen Überschuss im Staatshaushalt erzielen. Das hieß im Klartext, dass der Staat mehr Gelder einnahm, als er ausgab. In diesen vier Jahren konnten wir auch – ebenfalls zum ersten Mal – ein Wirtschaftswachstum verzeichnen. 2007 lag es 6,8 Prozent höher als im Vorjahr, und die Aussichten für die nächsten Jahre sind gut. Im August 2008 konnte die neu gewählte Regierung ein Land übernehmen, dessen Finanzen in Ordnung sind und dessen Staatskasse einen Überschuss aufweist.

Einige Grundsätze halfen mir, die Richtlinien zu entwickeln, nach denen das Finanzministerium arbeiten sollte. Ich zeigte den leitenden Angestellten die Tür, durch die die Leute in mein Büro kamen, und erklärte: »Jeder, der durch meine Tür und auch durch eure Tür hereinkommt, hat einen Affen – ein Problem – auf seinem Buckel. Und jeder hat das Ziel, dass dieser Affe auf *eurem* Buckel sitzt, wenn er wieder geht. Wenn ihr das zulasst, werdet ihr am Ende des Tages unter all den Affen auf eurem Rücken zusammenbrechen. Unsere Herausforderung besteht darin, jedem so zu helfen, dass er seinen eigenen Affen wieder mitnimmt.«

Wir hatten glänzende spezialisierte Teams, die uns vor allen wichtigen Sitzungen informierten. Sie halfen uns, uns so zu verhalten, dass die Leute ihre Probleme wieder mitnahmen und selbst anpackten. Sie halfen uns auch dabei, festzustellen, welches unsere »Affen« waren, mit denen wir fertig werden mussten, und welche unseren Besuchern gehörten. Auf diese Art konnten wir viele unrealistische Hoffnungen abbauen. Und wir konnten etwa 80 Prozent aller Fragen an Ort und Stelle erledigen.

Ich selbst arbeite am besten, wenn es ringsum nicht viel Aufregung gibt. Da ich nun im Licht der Öffentlichkeit stand, wurde ich auch ständig beobachtet. Ich musste deshalb entscheiden, wie ich mit dem nicht abreißenden Strom von Problemen und Fragen, der sich über meinen Schreibtisch ergoss, fertig wurde, immer in dem Bewusstsein, dass ich dabei ständig beobachtet wurde. Eines sollte mein Verhalten klar zum Ausdruck bringen: Wir werden unsere eigenen Probleme innerhalb des Ministeriums lösen und nicht auf der Bühne der Öffentlichkeit, nur weil irgendjemand uns dramatisch unter Druck setzt.

Je angespannter ich innerlich bin, desto ruhiger wirke ich. Das ist zum Teil meine natürliche Veranlagung. Schon manches Mal brachte das die Leute schier zur Verzweiflung, weil sie glaubten, ich machte mir nichts aus ihren Problemen. Ich musste durch einen langen und zum Teil qualvollen Lernprozess gehen. Es war eine langsame und schwierige Wachstumszeit, die sich aus Erlebnissen des Scheiterns und Versagens entwickelte.

Bei schwierigen Sitzungen half es mir, wenn ich das Ziel und die Strategie fest im Auge behielt. Mit der Zeit merkte ich dann, dass aufgeregte und hitzige Sitzungen eigentlich gar nicht so wichtig waren. Und ich stellte fest, dass ich direkt und mit Nachdruck reden konnte, ohne mein Gegenüber zu verletzen, vorausgesetzt, dass mein Tonfall und meine Körpersprache nicht verletzend wirkten. Ich glaube, ich habe zuweilen die Presse frustriert, die über das Ministerium berichten sollte (oder für Nachrichten aus dem Finanzministerium zuständig war): Dennoch kamen Besucher häufig verärgert und fordernd in mein Büro und gingen ruhig und zufrieden wieder hinaus ...

Der Internationale Währungsfonds (IWF) ist eine Sonderorganisation der Vereinten Nationen. Er ist eine Schwesterorganisation der Weltbank-Gruppe und hat seinen Sitz in Washington D. C., USA. Zu seinen Aufgaben gehören die Förderung der internationalen Zusammenarbeit in der Währungspolitik, die Ausweitung des Welthandels, die Stabilisierung von Wechselkursen, Kreditvergabe, die Überwachung der Geldpolitik und fachliche Hilfe. Zu Beginn unserer Amtszeit hatten wir in den Augen des IWF nur armselige Zahlen aufzuweisen, und es gab beträchtliche Spannungen zwischen dem IWF und Paraguay. Als unter meiner Führung alles scheinbar ruhiger lief, unterstellte jemand aus der Presse, der IWF hätte seine Forderungen gelockert – doch in Wirklichkeit führten wir hartnäckig sehr zähe Verhandlungen.

Aber ich ließ mich durch nichts so weit bringen, laut schreiend mit Beschimpfungen um mich zu werfen. Eine Stärke, die ich neben meinen vielen Schwächen habe, ist vielleicht die Fähigkeit, dass ich angespannte Situationen zu einem entspannten und ruhigen Ausgang bringen kann. Manchmal ging meinen Verhandlungspartnern meine scheinbare Ruhe ganz schön auf die Nerven. Meine Absicht war jedoch immer, ein für beide Seiten positives Ergebnis zu erzielen. So etwas kann man natürlich nicht auf verzerrten Tatsachen aufbauen. Zum Glück hatte ich einen sehr guten Mitarbeiterstab, der solide Informationen über die Vorgeschichte und glaubwürdige Daten beschaffte.

Dennoch – um einen Zusammenstoß mit Ña Eustaquia bin auch ich nicht herumgekommen. Sie ist eine der Fraktionsvorsitzenden der Colorado-Partei und hat ihr Büro in der Nähe des Parlaments am Flussufer. Es gibt Gerüchte, sie erweise Parlamentariern »besondere Dienste«. Mit anderen Worten: Sie kennt die Unterwelt ihrer Umgebung sehr gut. Tatsächlich scheint Ña Eustaquia alle bedeutenden Persönlichkeiten der politischen Szene zu kennen. Sie ist über 60 Jahre alt, recht impulsiv, wiegt geschätzte 200 Pfund und hat rot gefärbtes Haar. Bei Festlichkeiten bringt sie es stets fertig, mit allen Parteibossen zu tanzen. Man sagt, sie führe ihre Pistole immer in der Handtasche mit sich, selbst wenn sie andere Politiker besuche.

Ña Eustaquia kannte meine private Telefonnummer, aber ich habe ihre Anrufe selten entgegen genommen. Sie bedrängte meine Sekretärin, sie müsse mit mir sprechen. Doch ich wusste schon, wenn sie anrief, ging es gewöhnlich um irgend etwas, was für das Land nicht wirklich notwendig war. Innerhalb ihrer Partei verfügt sie allerdings über eine Machtstellung, und so erwartet sie, dass man sie ernst nimmt. Sie hinterließ also einige Androhungen für mich ...

Eines Nachmittags erhielt ich einen Anruf vom Präsidenten auf meinem privaten Mobiltelefon. »Hier in meinem Büro sitzt eine gute Freundin von dir«, begrüßte er mich. Natürlich wusste er, dass ich meistens versuchte, ihr aus dem Weg zu gehen. Er gab ihr den Hörer und Ña Eustaquia begann, mich anzuschreien: Ich ignoriere wichtige Leute, »der Präsident empfängt mich und Sie nicht? Ich will jetzt zu Ihnen, und wenn Sie mich nicht empfangen, fange ich mit einem Striptease vor Ihrem Büro im Ministerium an. Wenn nötig, werde ich meine gesamte Kleidung ablegen ...« Ich bot all meine rhetorischen Möglichkeiten auf und erwiderte so charmant wie irgend möglich: »Ich habe Sie schon erwartet. Bitte kommen Sie doch direkt zu mir!« Der Präsident schien sich fast totzulachen. Als Ña Eustaquia nicht mehr in Hörweite war, meinte er: »Ich weiß, warum du sie gerade jetzt empfangen willst: Du hast Angst vor Lucy!«

Als Ña Eustaquia dann herüber kam, musste ich sie natürlich überzeugend umarmen. Ich bat meinen Privatsekretär Fernando hörbar, alles zu notieren, was diese bedeutende Frau wünsche, damit wir es auch gebührend berücksichtigen könnten. Ihre Wunschliste war ziemlich lang ... Schließlich konnten wir aber doch einige ihrer Forderungen erfüllen, einschließlich eines Geschenkes einer meiner Firmen für eine Gefrierkammer. Sie brauchte diese Kammer, um die Sojamilch zu lagern, die die Stiftung der First Lady für eines ihrer Projekte lieferte, um sie unter den Bedürftigen zu verteilen.

Wieder hatte ich eine Lektion gelernt: Zuweilen muss man kleine symbolische Dinge tun – auch wenn es nur Theater ist –, um sein Wohlwollen und seine Unterstützung zu zeigen. Ich zweifle keinen Augenblick daran, dass Ña Eustaquia ihre Drohung verwirklicht hätte. Sie ist raffiniert genug und hätte sicher liebend gerne in den Zeitungen gesehen, wie sie sich vor dem Büro eines frommen Ministers entkleidet!

Eine halbe Stunde, nachdem Ña Eustaquia mein Büro verlassen hatte, rief die Stiftung der First Lady bei Lucy an und teilte ihr mit, ihr Mann habe gerade eine schreckliche sexuelle Belästigung erlitten! Ich muss allerdings meinem Mitarbeiter Fernando volle Anerkennung zollen. Als perfekter Gentleman hat er dafür gesorgt, dass Ña Eustaquia sich bei uns wohl fühlte.

Kapitel 13

Die Gelegenheit nutzen

I n der Karwoche 2007, der *Semana Santa,* befand sich der Präsident in seiner *Quinta* (Wochenendhaus) und bat mich, am Karfreitag für einen halben Tag zu ihm zu kommen. Als ich dort eintraf, war bereits ein anderer Minister, ebenfalls ein enger Freund des Präsidenten, sowie ein weiteres Parlamentsmitglied derselben Partei da. Sie waren auf der Suche nach einem Präsidentschaftskandidaten ihrer Partei für die bevorstehende Wahl im April 2008. Der Präsident versuchte nun, dieses Parlamentsmitglied zu überreden, sich seine Vision zu eigen zu machen. Ich kannte diesen Mann bereits. Er verfügte bereits über viel Macht, obwohl manche Leute ihn für nicht sehr aufrichtig hielten. Immerhin bemühte er sich zumindest zeitweise wirklich darum. Am Ende ihrer Diskussion meinte dieses Parlamentsmitglied: »Ich wollte eigentlich die Anwesenheit des Finanzministers und des Präsidenten nutzen, um mich in aller Deutlichkeit über die Verhältnisse im Zollamt zu beschweren. Ich habe schon lange nach einer passenden Gelegenheit gesucht, um mit euch beiden darüber zu sprechen. Diese Sache betrifft mich persönlich und auch viele meiner Freunde.«

Der Präsident ging sofort darauf ein. »Legen Sie los, wir hören!« Nicanor protzte direkt vor Erregung und Anteilnahme.

Der Mann erklärte ganz verzweifelt: »Früher mussten wir sieben bis acht Millionen Guaraní [etwa 1200 Euro] zahlen, um Container vom Zoll zu erhalten. Und jetzt kosten sie – es ist eine Schande! – 18 bis 19 Millionen Guaraní [etwa 3000 Euro]. Das ist schon fast so viel, wie wir auf legalem Weg dafür zahlen müssten! Wie sollen wir unsere politischen Unkosten decken?« Mit anderen Worten: Für Bestechung musste er inzwischen fast soviel zahlen wie für die regulären Zölle.

Ich hielt mich an meinem Stuhl fest, denn ich war schwer versucht, dem guten Mann damit eins überzuziehen. Das hätte ich mit großem Vergnügen getan! Blitzschnell überlegte ich, ihn öffentlich zu verklagen, aber angesichts seiner Beziehungen bestand wenig Aussicht, einen solchen Prozess zu gewinnen. Der Präsident bemerkte, dass ich um Selbstbeherrschung rang, und meinte gegenüber dem Parlamentsmitglied: »Ich weiß nicht genau, ob ich Sie richtig verstanden habe … Könnten Sie uns das noch ein wenig deutlicher erklären?« Und dieser Kerl folgte prompt der Aufforderung. Dann wandte sich der Präsident an mich: »Herr Minister, was ist Ihre Meinung?«

Einen Moment lang spielte ich mit dem Gedanken, nun den Einfältigen zu spielen. Mich als politisch unerfahren darzustellen, als unbeleckten Mennoniten, der das alles nicht richtig verstand. Oder ich könnte die Dinge wesentlich schärfer beim Namen nennen, weil mein Gegenüber mich für naiv und unwissend hielt.

Schließlich meinte ich: »Ich glaube, das ist ganz ausgezeichnet, Herr Präsident!« Nicanor schaute mich verblüfft und etwas gereizt an. »Wie soll ich das denn verstehen, Herr Minister?«, erwiderte er. Ich erklärte: »Herr Präsident, dieser große Führer Ihrer Partei gratuliert Ihrer Regierung. Sehen Sie, was Sie erreicht haben – der legale und offizielle Weg kostet jetzt genau so viel wie Bestechung! Was wir hier gerade hören, ist eine großartige Bestätigung Ihrer Politik. Wir sind doch genau auf dem richtigen Weg, wenn Schwarzmarktgeschäfte schon fast so viel kosten wie legale Transaktionen!«

Der Präsident fragte nach: »Was empfehlen Sie also?«

Ich sagte: »Nun, wenn er der Legalität auf der Kostenseite schon so nahe ist, warum macht er seine Geschäfte nicht einfach ganz legal? Dann kann er auch viel besser schlafen.« Ich blickte dem Parlamentarier fest in die Augen: »Und, nebenbei gesagt, wenn Sie den Staat unterstützen, helfen Sie damit auch den Armen.« Der Präsident wandte sich dem Parlamentsmitglied zu: »Ich umarme Sie! Sie sind ein wunderbares Vorbild für die Abschaffung der Schattenwirtschaft.«

Der gute Mann merkte allmählich, dass wir ihn auf den Arm nahmen. Er versuchte schnell, das Thema zu wechseln. Und dann erzählte er mir, dass er gerade dabei sei, eine neue Fabrik zu eröffnen – die ganz legal arbeiten würde, wie er ausdrücklich betonte ...

Was meine Selbstbeherrschung betraf, machte ich Fortschritte. Wenn ich mich nicht durch Verpflichtungen in Stress bringen ließ, konnte ich humorvoll kreative Lösungen für viele Probleme finden. Dem Präsidenten gefiel der Gedanke sehr, dass der Schwarzmarkt den legalen Markt schon fast eingeholt hätte, so dass er mich, bevor der Parlamentarier ging, bat: »Warum wiederholst du das nicht noch einmal, damit ich es auch wirklich richtig verstehe?« Er drehte den Spieß ganz unmissverständlich um und wollte diesem Mann klar machen, dass er mich und meine Grundsätze unterstützte.

Bei solchen Gelegenheiten muss ich hart an mir arbeiten, um meine Selbstbeherrschung und Fassung nicht zu verlieren. Der Präsident fühlt sich jedoch wohl in seiner Haut, wenn er in solchen Augenblicken herumulken und seinen schwarzen Humor anbringen kann. Wir sind deshalb ein gutes Gespann.

Lucy und Gloria unterhielten sich während dieser ganzen Diskussion miteinander. Später, als wir als Ehepaare zusammen waren, sagte Nicanor zu den Frauen: »Ihr werdet nicht glauben, was wir gerade gemacht haben!« Er erzählte die Geschichte und übertrieb dabei gründlich ...

Die First Lady, Maria Gloria Penayo Solaeche, mit Lucy Bergen (links) in einem Kinderheim, das die beiden gegründet haben.

Es gab zwischendurch durchaus kleine Siege, aber die enorme Last der paraguayischen Finanzlage wurde ich nie los. Mein Team und ich wurden dem gesamten Kabinett gegenüber noch loyaler, und wir wuchsen gemeinsam in unserer Bereitschaft, uns für das Wohl unseres Landes einzusetzen. Als Finanzminister konnte ich die Bemühungen der anderen Minister oftmals unterstützen, wenn es darum ging, die Lage der Menschen zu verbessern. Oft genug waren der Präsident und seine Regierung bereit, den Preis zu zahlen, Risiken einzugehen und persönliche Vorteile aufzugeben, um unsere Wirtschaft zu stärken und bessere Lebensbedingungen für die Armen zu schaffen. Bei allem behielt ich zwei Ziele fest im Auge: den Staatshaushalt insgesamt zu vergrößern und unsere Investitionen im sozialen Bereich zu steigern. Durch letztere konnten die Leistungen im Gesundheitswesen verbessert werden – Krankenhäuser werden in Paraguay fast ausschließlich staatlich betrieben, Ärzte sind somit Teil des öffentlichen Dienstes. Wir investierten in Kranken- und Sozialversicherungen sowie in Bildung: öffentliche Schulen bis zur neunten Klasse werden landesweit geführt. Polizei- und Notdienste wurden ausgebaut, es gab Fürsorgezuschüsse und Hausbauprogramme; den Armen konnte Land zu erschwinglichen Preisen bereitgestellt werden (siehe »Unser Programm – was wir erreicht haben«, Seite 177).

Aufgrund der schwachen Wirtschaft Paraguays, unseres wachsenden Staatsdefizits und der übermäßigen Auslandsschulden überwachte der Internationale Währungsfonds (IWF) all unsere größeren finanziellen Transaktionen. Im Jahr 2006 hatten wir die Ehre, Anoop Zink, den stellvertretenden Leiter des IWF-Referats Süd-/Mittelamerika zu empfangen. Der Präsident unserer Zentralbank fungierte als Bindeglied zwischen dem IWF und Paraguay. Ich selbst leitete das Verhandlungsteam unseres Landes. Nicanor war nicht gerade begeistert vom IWF. 70 Prozent unserer Bevölkerung waren gegen die politische Lösung, die der IWF uns auferlegen wollte. Wir konnten den IWF jedoch nicht einfach ignorieren, sonden waren auf seine Referenzen angewiesen, um Paraguay im Ausland zu Ansehen zu verhelfen. Außerdem benötigten wir die Unterstützung des IWF in unseren internen Steuerfragen.

Der Präsident war bereit, die IWF-Gruppe um 17.00 Uhr nachmittags in seiner Residenz zu empfangen. Er war ernst und nachdenklich gestimmt. Wir stellten uns zunächst gegenseitig vor und sprachen darüber, welch eine Ehre es sei, den Besuch dieser wichtigen Persönlichkeit zu empfangen. Ich versuchte, die Stimmung positiv zu gestalten. Doch dann sagte der Präsident plötzlich: »Ich weiß nicht, inwiefern der Internationale Währungsfonds uns überhaupt hilft. Es ist, als ob man uns ein Visum in den Pass stempelt, uns dann aber kein Geld zum Reisen gibt. Was hilft es, wenn man den Leuten Visa gibt, aber keine Mittel zum Reisen?«

Anoop Zink war Kritik offenbar gewohnt, denn noch bevor ich reagieren konnte, sagte er: »Ich habe Verständnis für Ihre

Frustration. Der IWF befindet sich zur Zeit in einem wichtigen Reformprozess. Ich bin mir sicher, dass ich in diesen Prozess etwas von Ihrer Enttäuschung und Kritik einbringen kann.« Wir saßen alle mit offenem Mund da und waren schockiert darüber, dass unser Präsident so ungeschliffen in diesen Besuch einstieg. Sein Beispiel von einem Visum ohne Geld war ziemlich drastisch, aber er traf keinerlei Anstalten, seine Kritik abzuschwächen. Wir setzten die Sitzung also fort und konnten schließlich einige hilfreiche Abkommen vereinbaren.

Für den IWF war es stets wichtig, dass Paraguay einen ausgeglichenen Haushalt und kein Defizit hatte. Das war auch mein Ziel. Uns allen war klar, dass ein unausgeglichener Haushalt der Wirtschaft unseres Landes viel Schaden zufügen konnte. Es ist allerdings nicht gerade leicht, ein Defizit zu vermeiden. Während unserer Besprechung fragte ich meinen Stellvertreter Horoch, der das Bindeglied zwischen dem Finanzministerium und dem IWF war und nun die Verhandlungen führte: »Warum gehen diese guten Leute vom IWF nicht einfach über die Straße ins Weiße Haus und fragen die US-Regierung, wie man einen ausgeglichenen Haushalt erhält? Wenn das bei unseren Freunden in Washington dann funktioniert, können sie uns ihr Rezept ja schicken ...!«

Horoch sagte mit großem diplomatischen Geschick: »Der Herr Finanzminister bat mich, in seinem Namen zu sprechen, da ich in den USA studieren durfte. Er drängte mich, Sie folgendes zu fragen: Warum befolgen die USA ihre eigenen Regeln nicht selbst? Könnten Sie mir helfen, ihm dies zu erklären, da er es nicht versteht?«

Natürlich erhielt er keine Antwort, aber sie hatten die Botschaft verstanden. Ich muss zugeben, dass der IWF schließlich eine gute Arbeit in unserem Land getan hat. Und letzten Endes stellten sie uns auch ein gutes Zeugnis für die Verbesserungen aus, die wir im Finanzwesen Paraguays erzielen konnten.

Kapitel 14

Macht – und was man daraus macht

Als ich Mitglied der Regierung wurde, war ich nicht auf das Ausmaß an Macht gefasst, das ich nun erhielt. Meine Frau Lucy findet, ich sei von Natur aus vielen Dingen gegenüber furchtlos. Doch die Macht, die ich in der Regierung besaß, versetzte mich geradezu in Schrecken. Finanzminister eines Landes zu sein, verantwortlich für das Wirtschaftsteam, in gewisser Hinsicht für den gesamten Staatshaushalt gerade zu stehen, das erzeugt gemischte Gefühle – Angst, Verantwortungsbewusstsein und Macht.

Um mich herum sah ich mächtige Leute, die mit ihrer Macht nicht richtig umgegangen waren. Wenn man sich in einer neuen Situation befindet, hält man natürlich Ausschau nach jemandem, mit man sich identifizieren kann. Und so suchte auch ich jemanden, der selbst in der Regierung war oder gewesen war und mir als Vorbild dienen konnte. Doch ich fand niemanden.

Während meiner Tätigkeit als Unternehmer war ich der Meinung, je mehr Macht ein Mensch habe, desto mehr Verantwortung habe er oder sie, anderen zu dienen. Diese Überzeugung begleitete mich bis in die Regierung, wo sie mir zu einer schweren Last wurde. Zwei Fragen gingen mir immer wieder durch den Kopf: Woher kommt die Macht? Und: Wie setze ich sie richtig ein?

Ich fragte mich auch, wer Macht verleiht. Und wer nimmt einem die Macht wieder weg? Wahrscheinlich der Präsident, aber ist er wirklich so mächtig, wie man meint? Wie kann ich Macht richtig verantworten?

Ich kam zu dem Schluss, dass ich den Menschen gegenüber verantwortlich bin, die mir die Macht verliehen haben. Und ich glaube, dass Macht von Gott delegiert wird. Mit anderen Worten: Gott gestattet Menschen, Macht auszuüben. Ich muss jedoch zugeben, dass diese zwei Dinge meines Erachtens nicht immer Hand in Hand gehen. Deshalb habe ich dieses Thema mit Hilfe der Bibel und anderer Bücher erforscht. Ich kam zu folgender Überzeugung: Gott hatte mir Macht gegeben, ihm selbst, meinem Volk und den Institutionen zu dienen, für die ich eingesetzt wurde.

Diese Sichtweise half mir, mich selbst und andere bei der Ausübung unserer Macht zu bewerten. Es klärte auch die Beziehungen, die ich mit meinen Kollegen aufbaute, und das Maß an Nähe, das zwischen uns bestand. Macht ist niemals Selbstzweck, und sie wird Menschen nie nur aufgrund ihrer Stellung verliehen. Macht sollte auf Ziele ausgerichtet sein, denen sie nützt. Ich bin zum Beispiel zu der festen Überzeugung gelangt, dass gottgegebene Macht letzten Endes den Armen helfen soll. Sie ist fast immer auf Dienst ausgerichtet.

Wohlstand ist für mich fast genauso beängstigend wie Macht. Den Ausspruch: »Unter hundert Leuten, die mit der Not fertig werden, gibt es nur einen, der mit Wohlstand fertig wird«, finde ich sehr bedenkenswert. Er beunruhigte mich, denn ich komme aus einfachen Verhältnissen. Der Präsident ist ebenfalls arm aufgewachsen, und das gleiche gilt auch für viele andere Regierungsmitglieder. Wie sollten wir nun den Wohlstand verkraften? Ich beobachtete sehr genau, wie diese mir nahe stehenden Leute mit Wohlstand und Macht umgingen. Ich habe Menschen gesehen, die sich drastisch veränderten, sobald sie Zugang zu einem von beiden bekamen; unglaubliche Veränderungen. Und ich sah, wie leicht es war, schwere Fehler zu begehen, und versuchte, sie zu vermeiden.

Bei Führungskräften ist Überlastung nichts Ungewöhnliches. In hektischen Augenblicken im Büro rief ich mir manchmal ein anderes Zitat in den Sinn: »Bei einem Baum des Übels sind tausend abgeschnittene Blätter nicht so viel wert wie eine abgeschnittene Wurzel.« Und sofort dachte ich dann an den Satz, der Martin Luther zugeschrieben wird: »Heute habe ich viel zu tun, darum muss ich viel beten.« Es ist nicht meine Stärke, viel Zeit im Gebet zu verbringen. Aber ich fragte mich ständig: Setze ich meine Zeit für die Beseitigung der »Blätter« ein, der sichtbaren Folgen des Übels, oder für die Ausrottung der »Wurzel«? Es war für mich wichtig, das »Spiel« immer wieder anzuhalten, um zu sehen, wo ich mich im Augenblick befand. Daher fuhr ich ein- oder zweimal pro Woche aufs Land hinaus, um zu wandern, *Tereré* zu trinken und Klarheit über meinen Standort zu gewinnen.

Als Kind konnte ich nicht verstehen, warum Jesus nicht alle Kranken geheilt hat, und besonders, warum er kranke Leute zurückließ und mit dem Boot über den See fuhr. Aber als ich ein öffentliches Amt wahrnahm, sah ich ein, warum es unbedingt notwendig ist, dem Lärm und den Verpflichtungen den Rücken zu kehren, sich zurückzuziehen, zu beten und nach Orientierung zu suchen, um sich ein klares Bild davon zu verschaffen, was gerade vorging. Ich versuchte, mich an diese Regel zu halten, und glaube, dass sie mich davor bewahrt hat, verhängnisvolle Fehler zu begehen, die mein Untergang gewesen wären. Gerade in Krisenzeiten nahm ich mir oft einen halben Tag frei, um hinaus zu fahren und durch die Natur zu wandern, damit ich klarer denken konnte.

Ein sehr erfolgsorientierter Mensch bin ich immer noch. Wenn ich mich bedrückt fühlte und mich fragte, ob überhaupt irgendetwas von dem, was ich tat, einen Sinn hatte, versuchte ich daran zu denken, dass Gott Gehorsam verlangt und nicht

Erfolg. Säen und ernten können, beides steht in der Gnade Gottes. Meine Aufgabe war es, meine Arbeit gut zu machen, und das hieß säen. Der Erfolg hing von Gottes Gnade ab. Diese Haltung half mir in Krisenzeiten. Aber zuweilen war es doch eine Riesenbelastung ...

Kapitel 15

Itaipú – ein wunder Punkt

E in Finanzminister muss sich täglich mit einer Menge Probleme auseinandersetzen, die nach Lösung verlangen. Und ständig kamen neue Herausforderungen hinzu. Ich brauchte wirklich nicht noch mehr Arbeit ... Dabei gab es ein Thema, an das ich nicht einmal denken mochte. Ich wusste, wenn ich das anpackte, würde es eine Menge Zeit und Energie kosten und am Ende wahrscheinlich doch vergeblich sein.

Paraguay betreibt gemeinsam mit seinen Nachbarländern zwei Wasserkraftwerke: mit Brasilien seit 1982 Itaipú, von der Leistung her das größte Kraftwerk der Erde, und mit Argentinien seit 1998 Yacyretá. Diese zwei Kraftwerke erzeugen den gesamten Strombedarf Paraguays. Und sie gehören zu Paraguays Haupteinnahmequellen.

Es ist kein Geheimnis, dass die paraguayische Bevölkerung die Abkommen, die Paraguay vor Jahren mit Brasilien und Argentinien unterzeichnet hat, für ungerecht hält. Paraguays anteilige Einnahmen aus diesen Wasserkraftwerken sind deutlich geringer als die Brasiliens und Argentiniens. Hinzu kommt, dass diese Nachbarländer den Strom sehr günstig bei uns einkaufen, weit unter den Marktpreisen. Die entsprechenden Verträge sind für unser Land von Nachteil. Alle drei Länder geben zu, dass diese beiden Wasserkraftwerke eine dunkle Vergangenheit haben. Der frühere argentinische Präsident Carlos Menem sprach von Yacyretá sogar als einem »Denkmal der Korruption«. Deshalb bat ich den Präsidenten, mich von allem zu befreien, was mit Itaipú und Yacyretá in Verbindung stand. Aber das war scheinbar nicht möglich.

Rein sachlich gehört Itaipú (an den Iguazú-Wasserfällen) zu gleichen Teilen Paraguay und Brasilien, Yacyretá (weiter stromabwärts am Paraná) zu gleichen Teilen Paraguay und Argentinien. Die Kraftwerke wurden mit Anleihen von Brasilien und Argentinien gebaut – und diese setzten ihre jeweiligen Zinssätze fest. Weiter wurde in den ursprünglichen Verträgen festgelegt, dass Paraguay den gesamten Strom, den es nicht selbst benötigt, an seine Projektpartner verkauft. Itaipú hat 20 Turbinen, zehn davon gehören Paraguay. Paraguay benötigt jedoch nur eine einzige Turbine, um das ganze Land mit Strom zu versorgen. Dennoch ist Paraguay verpflichtet, den gesamten Strom-Überschuss an Brasilien zu verkaufen, und zwar zu Preisen, die Brasilien festlegt. Vertragsgemäß verkauft Paraguay den Strom also zu einem sehr niedrigen Preis an den brasilianischen Großhändler. Der verkauft ihn an seine brasilianischen Kunden zum Marktpreis weiter.

Natürlich mussten wir uns hier für Gerechtigkeit einsetzen. Wenn wir jedoch das anscheinend Richtige taten und damit die Einnahmen aus den Wasserkraftwerken aufs Spiel setzten, würden wir dadurch möglicherweise weder Fortschritt und Wirtschaft unseres Landes fördern noch den ärmsten Gesellschaftsschichten helfen. Ich hatte Länder mit riesigen Erdölvorkommen, besonders im Nahen Osten, kennen gelernt, deren Einnahmen selten den Armen zugute kamen.

Eines unserer größten Probleme war der hohe Zinssatz, den wir besonders beim Kraftwerk Itaipú für unsere Schulden zahlten. Er war doppelt so hoch wie der durchschnittliche Zinssatz, den Paraguay für seine Auslandsschuld zahlte. In einem Augenblick äußerster Verzweiflung schlug ich dem Präsidenten vor, eine unabhängige Anleihe aufzunehmen, um unsere Schulden Brasilien gegenüber zu bezahlen. Und dann sollten wir darauf bestehen, unseren Strom zu realistischen Preisen verkaufen zu dürfen.

Bei den diplomatischen Beziehungen mit Brasilien setzten wir das Thema Itaipú stets auf die Tagesordnung, wenn die beiden Präsidenten sich trafen. Es kam jedoch nie zu einem konkreten Beschluss und alles, was mit diesem Thema zusammenhing, wurde zu einem richtigen Albtraum. Erschwerend war in diesem Zusammenhang auch die »Doppelte Besteuerung«, eine Art Aufschlag auf Paraguays ohnehin überhöhten Zinssatz. Ich wusste, wenn ich mich um eine faire Lösung bemühte, bekam ich es nicht nur mit der brasilianischen Regierung, sondern auch mit der herrschenden Geschäftspraxis von Itaipú zu tun. Diese »Ingenieure« aus Paraguay, auch als »Itaipú-Barone« bekannt, strichen aufgrund der Struktur der Anleihezahlungen dicke finanzielle Gewinne ein. Ich durfte deshalb nicht allzu viel Begeisterung seitens der exklusiven paraguayischen Machtzirkel, privat wie staatlich, erwarten, wenn ich diesen Punkt auf die Tagesordnung setzte.

Auf höchster Ebene gab es zweifellos viel guten Willen zwischen Paraguay und Brasilien. In unseren bilateralen Sitzungen und Gipfeltreffen mit dem brasilianischen Staatspräsidenten Lula Ignacio Da Silva hatte ich den Eindruck, dass wir eine gemeinsame Sicht von einem vereinten Lateinamerika hatten. Wir sahen ein Lateinamerika von Brüdern, die zusammenarbeiteten und sich gegenseitig Respekt erwiesen, die gewissenhaft handelten und wo die größeren Länder einsahen, dass es auch den kleineren Ländern gut gehen sollte. Während der Verhandlungen herrschte diese Einstellung in den Köpfen und Herzen der Präsidenten vor. Es schien, als ob wir nur noch einen konkreten Ansatzpunkt finden müssten, um eine Lösung in dieser schwierigen Sache zu finden.

Am 20. Juli 2006 fand in Córdoba, Argentinien, ein Gipfeltreffen der Präsidenten der MERCOSUR-Länder statt. (MERCOSUR

Ernst (Zweiter von links) mit dem brasilianischen Präsidenten Lula Ignacio Da Silva (rechts außen).

Der Politiker, den ich am meisten schätzen lernte, war Präsident Lula. Wir trafen uns mindestens zehn Mal, manchmal sehr ausführlich. Kürzlich sprach er in Paraguay vor Führungskräften aus Wirtschaft und Politik. Er begann selbstkritisch, indem er sagte, die Menschen erwarteten eine Botschaft von ihren Leitern, die nicht daraus bestand, die Zuhörer für irgend etwas zu beschuldigen. Stattdessen wollten die Leute Politiker, die sich der Probleme annahmen.

Brasilien ist das größte und mächtigste Land Lateinamerikas. Als Präsident dieses Landes hat Lula das paraguayische Volk sehr respektvoll behandelt. Er drängte die Zuhörer, ihre Bedürfnisse selbst zu erfüllen, sie verfügten über die Möglichkeiten dazu. Er ermutigte die Leute, ihre Hausaufgaben bei ihren eigenen Problemen selbst anzupacken.

Präsident Lula ist dafür bekannt, dass er ein außerordentlich fähiges Kabinett zusammengestellt hat. Er besteht darauf, dass Leute in Regierungsverantwortung wissen müssen, wie Politik funktioniert. Die fachliche Kompetenz steht dann an zweiter Stelle. Als Lula davon erzählte, meinte Nicanor: »Hör gut zu, Ernesto, der meint dich!« In diesem Bereich musste ich noch lernen ...

ist die abgekürzte spanische Bezeichnung für den südamerikanischen Binnenmarkt.) Eines der Hauptthemen der bilateralen Konferenz von Brasilien und Paraguay war Itaipú und die oben erwähnte sogenannte »Doppelte Besteuerung«. Hierbei wurde ein doppelter Zinssatz berechnet: ein normaler Zinssatz und ein zweiter, der an den Inflationskurs des US-Dollars gekoppelt war. Meines Erachtens wurden die Zinsen durch die Addition dieser zwei Sätze unverschämt hoch.

Da die Präsidenten nach einer Lösung dieses Problems suchten, bat Präsident Lula, die Finanzminister beider Länder hinzuziehen. Auf dem Córdoba-Gipfel hatte Paraguay seine Unzufriedenheit mit der »Doppelten Besteuerung« ausgesprochen, die auf die Itaipú-Schuld angewandt wurde. Beide Präsidenten wiesen deshalb ihre Finanzminister an, Verhandlungen einzuleiten, um eine faire Antwort auf die paraguayischen Forderungen zu finden.

Präsident Lula wollte uns beide hinzuziehen, weil das brasilianische Schatzamt der größte Gläubiger Itaipús ist. Unsere Arbeit als Finanzminister bestand nun darin, eine Lösung für diesen »Ausgleichsfaktor« zu finden. Da es sich um ein wichtiges Thema handelte, vereinbarten wir ein anschließendes Treffen eine Woche nach dem Córdoba-Gipfel. Es fand am 27. Juli 2006 im Hauptsitz von Itaipú statt, in der Nähe der Stadt und der herrlichen Wasserfälle von *Foz de Iguazú*. Als wir uns in Córdoba getroffen hatten, dachte ich, ich könnte nicht noch einmal solche Kopfschmerzen ertragen wie bei den Verhandlungen über Itaipú. Ich war mir ganz sicher, dass ich mit der Leitung des Finanzministeriums und den damit zusammenhängenden Herausforderungen schon genug zu tun hatte. Ich wusste, dass dies eine äußerst komplexe Angelegenheit werden könnte, wenn wir wirklich versuchen würden, dieses System zu ändern. Es hatte schon mehrere – erfolglose – Versuche gegeben, dieses Problem zu lösen.

Zudem war es kein Geheimnis, dass viele bedeutende Leute ganz beträchtlich vom Status quo profitierten. Finanzberater waren der Ansicht, Paraguay könnte über 10 000 Millionen US-Dollar an Zinsen sparen, wenn es uns gelänge, diese Konditionen neu zu regeln. Die Summe, mit der Paraguay belastet war, war doppelt so hoch wie Paraguays gesamte Auslandsschulden. Eins war sicher: Wir wollten diese ungerechten Schulden nicht weiter zahlen. Aber wer würde sie dann bezahlen? Es würde nicht leicht sein, unseren brasilianischen Partner davon zu überzeugen, diese Verpflichtung abzuschreiben.

Mir war vollkommen klar, dass wir ein Problem anpackten, dessen Ausmaße wir gar nicht überblicken konnten. Dennoch, ich hatte keine Ahnung davon, wie dramatisch diese Verhandlungen sich tatsächlich gestalten würden. Es war wie auf einem Minenfeld. Jede Interessengruppe war wie eine Mine für sich, und das waren nicht nur brasilianische Gruppen. Itaipú war für einige privilegierte Paraguayer schon immer eine Goldgrube. Deshalb habe ich wie nie zuvor das angewandt, was ich bereits im Kindergottesdienst gelernt hatte: »Rufe mich an in der Not ...« (Psalm 50,15).

Nach mehreren intensiven und erschöpfenden Sitzungen, zuerst am 27. Juli 2006 in Itaipú und abschließend am 29. Januar 2007 in Rio de Janeiro, hatten wir erstaunliche Ergebnisse erzielt. Ich halte das Resultat für ein Wunder, für ein göttliches Eingreifen. Die brasilianische Regierung verpflichtete sich tatsächlich, auf den doppelten Zinssatz zu verzichten, den sogenannten »Regelungsfaktor«, wie es in dem Dokument heißt. Unsere brasilianischen Partner erfüllten alle ihre Verpflichtungen und entwickelten das vom brasilianischen Parlament verabschiedete Gesetz Nr. 11408/07 als Bestätigung dessen, was Präsident Lula versprochen und unterschrieben hatte.

Ich bin Präsident Nicanor aufrichtig dankbar für seine anhaltende Unterstützung und Loyalität bei diesen Verhandlungen. Ich bin auch dem ganzen paraguayischen Team dankbar, das mit mir arbeitete und bei diesen komplizierten Verhandlungen seine Loyalität gegenüber unserem Land bewies. Ich muss aber auch Präsident Lula meinen Dank aussprechen, den ich

<u>MEMORANDUM DE ENTENDIMIENTO ENTRE</u>
<u>EL GOBIERNO DE LA REPÚBLICA DEL PARAGUAY Y</u>
<u>EL GOBIERNO DE LA REPÚBLICA FEDERATIVA DEL BRASIL</u>
<u>SOBRE ASPECTOS TÉCNICOS Y FINANCIEROS</u>
<u>RELACIONADOS A LA ITAIPÚ BINACIONAL</u>

Las autoridades de las Cancillerías y de las áreas económica y de energía del Paraguay y del Brasil se reunieron a lo largo de 2006 y en enero de 2007, con miras a buscar soluciones para un conjunto de temas relacionados con aspectos técnicos y financieros de la Itaipú Binacional.

Se trataron, entre otros temas, de los encargos financieros representados por las cláusulas de ajuste de los saldos deudores (factor de ajuste) de los contratos de financiamiento firmados entre Itaipú y ELETROBRÁS, y de la contratación de los servicios de electricidad de Itaipú Binacional en los términos del Tratado y de sus Anexos y actos complementarios.

Las discusiones permitieron alcanzar el siguiente entendimiento:

El Gobierno brasileño asume el compromiso de tomar todas las medidas necesarias, en carácter de urgencia, para suprimir el factor de ajuste en los contratos de financiamiento Nros. ECF-1627/97, ECF-1628/97, ECF-1480/97, celebrados entre Itaipú y ELETROBRÁS.

Río de Janeiro, 19 de enero de 2007

NICANOR DUARTE FRUTOS   LUIZ INÁCIO LULA DA SILVA

für einen hochbegabten Mann halte, der es verstand, Statistiken und wirtschaftliche Gegebenheiten auf einen Nenner zu bringen. Dasselbe gilt für meinen Kollegen Guido Manteiga, den brasilianischen Finanzminister und sein Team, wie auch für Celso Amorin, den brasilianischen Kanzler und seinen Stab.

Durch diese Erlebnisse habe ich viel gelernt. Auch wenn Paraguay nur ein kleines Entwicklungsland ist, sollten wir nicht automatisch klein beigeben und auch nicht feindselige Gefühle gegenüber unseren Nachbarländern hegen, nur weil sie viel mächtiger sind als wir. Die Guten sind nicht immer auf der einen und die Schlechten nicht alle auf der anderen Seite. Respektvolle, aber zielstrebige Verhandlungen können viele Ungerechtigkeiten beheben. Und wenn man eine gerechte Lösung sucht, findet man oft mehr guten Willen als erwartet. Natürlich fordern gute Verhandlungen ihren Preis: Ausdauer, ein hohes Maß an Selbstbeherrschung und Integrität sowie die wachsende Bereitschaft, Probleme und Sackgassen zu überwinden. Niemand garantiert, dass man Dankbarkeit ernten wird. Aber das ist wiederum gar nicht so schlimm, denn das fördert die Demut.

Kapitel 16

Mitten im Sturm

Wir wussten, dass mit dem Jahr 2007 ein hartes Wahljahr begann. Es war das vierte Jahr der fünfjährigen Amtszeit des Präsidenten. Die Menschen wussten im Allgemeinen, dass die makroökonomische Lage sich bedeutend gebessert hatte. Wir wollten jedoch keine falschen Hoffnungen auf Wohlstand wecken. Deshalb hatten wir in der Presse auch keine Fanfaren geblasen, um unsere Rekord-Steuerannahmen oder die finanziellen Erfolge in der Wirtschaft bekannt zu geben. Das hatten wir so beschlossen, obwohl wir wussten, dass wir damit auch auf eine Gelegenheit verzichteten, ein gutes Image für unsere Arbeit und unsere Verwaltung zu schaffen.

Der Präsident war jedoch nicht ganz von dieser Strategie überzeugt und führte deshalb eine harte Debatte mit mir. Ich bat ihn, unsere wirtschaftlichen Erfolge nicht mehr zu erwähnen, denn ich war in Sorge, dass uns das bei unseren weiteren Bemühungen, die Ausgaben zu senken, nur Schwierigkeiten bereiten würde. Da sagte der Präsident: »Ernesto, dies ist *meine* Regierung. *Ich* habe die Wahlen gewonnen! Diese Erfolge sind *meiner* Unterstützung zu verdanken. Und jetzt willst du, dass ich sie nicht bekannt geben soll?! Ernesto, vergiss nicht, dass

sich das Machtzentrum *hier* [wir befanden uns im Regierungs-
palast] und nicht im Finanzministerium befindet.«

Ich entgegnete: »Herr Präsident, Sie haben immer betont,
dass bei einem Fußballspiel am Ende das Ergebnis ausschlaggebend ist. Wenn Sie Ihre Regierungszeit erfolgreich beenden
wollen, dann müssen wir jetzt dieses Opfer bringen, um am Ende
als Sieger vom Platz zu gehen.« Der Präsident verstand und ging
auf mein Argument ein. Und er verzichtete, solange ich im Amt
war (die folgenden sechs Monate und 29 Tage), darauf, unsere
gesamtwirtschaftlichen Erfolge zu erwähnen. Das war eine ganz
entscheidende Unterstützung für die Arbeit des Finanzministeriums.

Daten und Statistiken sind natürlich zugänglich, und nicht nur
meine Angestellten im Ministerium nahmen die positive Entwicklung sehr wohl zur Kenntnis. Deshalb dachte die Mehrheit
der Angestellten im öffentlichen Dienst, der Moment für eine
Gehaltserhöhung sei gekommen.

Während einer Pressekonferenz im Regierungspalast fragte
mich eines Tages jemand: »Herr Minister, wird es für die Mitarbeiter des Staates eine Gehaltserhöhung geben?«

Auf dieses Thema wollte ich in diesem Augenblick keineswegs eingehen. Ich antwortete daher, dass ich zwar Verständnis
für die finanziellen Nöte der Angestellten hätte, doch aufgrund
unserer Finanzen sei eine solche Gehaltserhöhung in diesem
Jahr noch nicht möglich. Am nächsten Tag lautete die Schlagzeile: »Bergen lehnt Gehaltserhöhung im öffentlichen Dienst
ab.«

Da die Presse das Thema somit in die Öffentlichkeit gebracht
hatte, bat ich den Präsidenten um eine eilige Sitzung des Kabinetts. Wir brauchten schnell eine überzeugende Erklärung,
warum es 2007 keine Gehaltserhöhung geben konnte. Mit der
Rückendeckung des Präsidenten vereinbarten wir, dass kein
Ministerium eine Gehaltserhöhung für seine Angestellten fordern würde.

Doch die Welle, die bereits anrollte, ließ sich davon nicht mehr aufhalten. Die Mitarbeiter meines Ministeriums waren diejenigen, die am meisten von Budgets verstanden, und doch argumentierten sie: »Wenn es nur in *unserem* Ministerium eine Gehaltserhöhung gibt, wird das landesweit nicht viel ausmachen. Wir können den Haushalt umschichten, damit es gut funktioniert.« Eine mächtige Gewerkschaft nahm ihre Arbeit innerhalb des Finanzministeriums auf, und sie griff zum großen Teil dieses Argument auf.

Unsere ablehnende Haltung stieß auf Einwände seitens der staatlichen Angestellten, besonders aus meinem Ministerium. Sie übten weiter Druck auf mich aus: »Wir sind das am besten organisierte Ministerium, wir haben den größten Erfolg erzielt, und wo immer der Präsident spricht, erwähnt er das, was wir im Finanzministerium erreicht haben. Sie sagen doch selbst, dass der Erfolg unseres Ministeriums uns zu verdanken ist! Und schließlich haben wir auch wirklich Geld eingespart.«

Mein Personal dachte, sie seien die Besten, und sie könnten ihre Gehälter erhöhen, ohne den Haushalt zu belasten. Und sie waren der Meinung, dass sie diese Erhöhung verdient hatten. Sie hatten Recht. In Anbetracht ihrer Leistung hatten sie das Recht, mehr als viele andere Angestellte im öffentlichen Dienst zu verdienen. Als ich ihrem Druck dennoch nicht nachgab, wandten sie sich an die Presse. Am folgenden Tag lautete die Schlagzeile: »Angestellte des Finanzministeriums bitten Bergen um Gehaltserhöhung.« Nun musste ich zugeben, dass ihre Argumente korrekt waren. Sie hatten diese Erhöhung verdient. Allerdings mussten sie eines einsehen: Wenn sie eine Gehaltserhöhung erhielten, dann wären die restlichen 200 000 staatlichen Angestellten der Meinung, sie hätten ebenfalls eine Gehaltserhöhung verdient. Also sagte ich ganz klar: »Es wird keine Gehaltserhöhungen geben. Das ist schlicht nicht möglich. Und ich hoffe, die Angestellten des Finanzministeriums sehen ein, dass wir an das Wohl der gesamten Bevölkerung denken müssen.« Und wie lautete die Schlagzeile am nächsten Tag? »Bergen lehnt Gehaltserhöhung im Finanzministerium ab.«

Nun drohte das Personal unseres Ministeriums mit Streik. Und so begannen zähe Verhandlungen, und die Presse berichtete immer eifrig. Unsere Verhandlungen waren nicht erfolgreich. Die Gewerkschaft beschloss zu streiken, und zwar genau während einer MERCOSUR-Gipfelkonferenz der Präsidenten und Finanzminister. Sowohl diese Gipfelkonferenz als auch die gesamte Konferenz dieses südamerikanischen Binnenmarktes fand in Paraguay statt. Natürlich war das Finanzministerium besonders stark in diese Tagung involviert.

Ich hatte bereits mit dieser Aktion zu genau diesem Zeitpunkt gerechnet, denn meine Angestellten waren wirklich gut und sie verstanden viel von Strategie. Nun fiel der Streik nicht nur mit der Gipfelkonferenz zusammen, sondern fand auch noch am Monatsende statt, wenn die meisten Löhne und Gehälter gezahlt werden. Die Streikenden im Finanzministerium arbeiteten natürlich nicht, und so erhielten viele Angestellte und Rentner keine Zahlungen, wodurch der Druck noch verstärkt wurde.

Mein Stellvertreter Andreas Neufeld und seine Mitarbeiter waren bei der Einziehung von Steuern sehr erfolgreich gewesen. Dadurch waren die Staatseinnahmen in weniger als vier Jahren um mehr als das Doppelte gestiegen. Bemerkenswert war, dass Andreas sich seit Beginn der Demokratie länger als jeder andere auf diesem Posten gehalten hatte.

Am 26. Juni 2007, einem Mittwoch Nachmittag, wurde Andreas Neufeld wegen einer absurden Angelegenheit gerichtlich angeklagt. Am folgenden Tag sollte der Gipfel beginnen, ebenso wie der Streik. Nun wurde alles sehr kompliziert. Obwohl ich über die nötigen Rechtsmittel verfügte, um Andreas zu halten, hatte er andererseits viele Verleumder, die ihn aus seinem Amt jagen wollten. Natürlich hatte er die Interessen mächtiger Leute empfindlich berührt. Deshalb bat ich Andreas zu mir und schlug ihm vor, zurückzutreten. In meinem engsten Beraterkreis waren wir uns darin einig, dass wir angesichts unserer risikoreichen Arbeit rechtzeitig an einen Nachfolger denken müssten. Andreas war vollkommen einverstanden. Aber es war ein Augenblick tiefsten Schmerzes, weil wir sahen, dass hier das Übel die Oberhand über das Gute gewann.

Zuvor hatte Andreas mir bei mehreren Gelegenheiten versichert: »Ich bin auf das Schlimmste gefasst. Ich bin sogar bereit, für diese Sache [den Kampf für das Recht] ins Gefängnis zu gehen.« In dieser schwierigen Zeit der Anschuldigungen rief er mich einmal an und sagte: »Herr Minister, ich dachte, dass Schlimmste sei, ins Gefängnis zu müssen. Aber jetzt muss ich feststellen, dass getötet werden noch schlimmer wäre. Ich bin darauf vorbereitet, aber wenn ich an meine Familie denke, mache ich mir natürlich Sorgen.« Seine Frau Rita und seine Familie unterstützten ihn ganz außerordentlich. Und jetzt musste ich ihm schweren Herzens und auf die Gefahr hin, mich zu irren, sagen, dass ein Rücktritt das Mutigste und Wertvollste sei, was er in diesem Moment für die Sache tun konnte. Andreas begriff die Sachlage und dass es Zeit war, zurückzutreten.

An jenem Abend war ich zusammen mit unserem Außenminister Ruben Ramirez Gastgeber eines wichtigen Banketts für die MERCOSUR-Wirtschafts- und Außenminister. Ich hatte den Präsidenten bereits angerufen, ihn über die Situation von Andreas Neufeld informiert und einen Personalwechsel vorgeschlagen. Er war aber selbst gerade in einer wichtigen Sitzung. Eine Stunde später, *während* des Banketts, rief er mich zurück.

Ich entschuldigte mich kurzerhand bei unseren Gästen und versuchte dem Präsidenten die Strategie zu erklären, die ich mit Andreas ausgearbeitet hatte. Es war das erste Mal, dass ich vorschlug, einen Vizeminister auszuwechseln. Der Präsident war einverstanden, aber nur widerwillig, da er Andreas sehr schätzte.

Ich ging zurück zu meinen Gästen. Eine halbe Stunde später rief der Präsident mich erneut an. Er bat mich zu sich – er war mit dieser Personalentscheidung nicht zufrieden. Ich fragte:

Ernst Bergen (links neben dem Präsidenten) spricht zu den Finanz-
ministern der MERCOSUR-Staaten.

»Ich bin gerade in einer wichtigen Sitzung, kann ich etwas später
kommen?« Er entgegnete: »Bitte komm jetzt. Das ist für mich
eine schwerwiegende Frage.« Auf dem Bankett wurde gerade
das Essen serviert.

Der paraguayische Außenminister hieß die Gäste willkommen. Ich setzte mich und wartete eine Minute. Ich musste
meinen Kollegen irgendwie sagen, dass ich das Bankett verlassen müsse, zu dem ich eingeladen hatte. Ich sagte: »Unser
Präsident hat mich wegen einer kleinen internen Angelegenheit
zu sich gebeten. Wenn Sie mich morgen noch in meinem Amt
sehen möchten, wäre es besser, Sie ließen mich jetzt gehen ...!«
Ich entschuldigte mich vielmals und ging. Sie hatten natürlich
aus eigener Erfahrung Verständnis für solche Situationen.

Der Präsident saß beim Abendbrot, als ich in seiner Residenz
Mburuvicha Róga eintraf. Er verabschiedete sich von seiner
Frau Gloria und wir nahmen im Wohnzimmer Platz.

»Ernesto«, sagte der Präsident, »ich bin nicht damit einverstanden, dass Andreas sein Amt niederlegt. Das beunruhigt mich. Ich werde ihn morgen öffentlich verteidigen. Die Sache, wegen der er angeklagt wird, scheint mir sehr ungerecht zu sein«, sagte er.

Ich versuchte, ihn davon zu überzeugen, dass es für Andreas der richtige Zeitpunkt sein könnte, zu gehen; dass der geplante Streik polemisch werden könnte, und dass wir glücklicherweise über eine gute Nachfolgerin verfügten. Wir hatten einen ziemlich harten Wortwechsel.

Dann meinte der Präsident: »Ich möchte, dass du die volle Verantwortung für das übernimmst, was du jetzt tun willst. Andreas ist absolut loyal gewesen, und ich bin nicht mit deinem Vorschlag einverstanden.«

Er fragte mich: »Wie wird Andreas das auffassen?« Ich antwortete: »Ich habe schon mit ihm darüber gesprochen, und er hat Verständnis dafür.« Er fragte nach: »Ist er damit einverstanden oder nicht?« »Er versteht es.«

»Ich hoffe, du weißt, was du tust«, sagte der Präsident. »Aber warum rufen wir Andreas nicht selbst hierher?« Wir vereinbarten, dass wir Andreas die Entscheidung überlassen würden.

Andreas Neufeld kam bald und setzte sich. Es war schon fast Mitternacht. Er zeigte dem Präsidenten die Dokumente, um die sich die Anklage drehte, und der Präsident überzeugte sich davon, dass es sich um eine vollkommen falsche Beschuldigung handelte. Er argumentierte lange dafür, dass Andreas bleiben sollte. Dabei war er sehr erregt und emotionsgeladen. Ich wagte mehrmals, ihn zu unterbrechen. Er erwiderte nur: »Bitte sei still, Ernesto! Jetzt bin *ich* an der Reihe!« Er versprach, Andreas öffentlich zu verteidigen.

Dann kam ich zu Wort. Ich bat Andreas, die Situation im Gesamtzusammenhang zu sehen. Ich war der Meinung, ein Rücktritt könne nun an der Zeit sein. Schließlich erreichten wir einen Konsens. Wir beschlossen, uns am nächsten Morgen um 6.00 Uhr bei Gloria Páez, der Nachfolgerin von Andreas, zu tref-

Mit Hugo Chávez, dem Staatspräsidenten Venezuelas.

fen, mit der er bereits gesprochen hatte. Für 6.30 Uhr beriefen wir eine Pressekonferenz ein, um den Wechsel bekanntzugeben.

Zuerst ergriff ich das Wort: »Andreas Neufeld hat beschlossen, dem Präsidenten sein Amt als Vizeminister für Steuereinziehung zur Verfügung zu stellen. Ich persönlich möchte Herrn Neufeld bei dieser Gelegenheit für alles danken, was er für unser Land getan hat, für all seine Bemühungen, unsere Wirtschaft in ein rechtmäßiges System zu bringen. Aufgrund harter Arbeit konnte er bedeutende Erfolge verzeichnen. Andreas, ich möchte dir, deiner Familie, deinen Verwandten und deinen Freunden für alles danken, was ihr getan habt. Ich schätze das sehr!

Der Präsident hat heute die Entscheidung getroffen, die Licenciada Gloria Páez zur Vizeministerin für Steuereinziehung zu ernennen. Gloria ist eine Beamte mit viel Berufserfahrung im Finanzministerium. Sie hat die Arbeit sowohl dieser Regierung als auch voriger Regierungen begleitet. Wir werden weiter auf

derselben Linie bleiben. Wir werden weiterhin für einen Rechts-
staat kämpfen. Und wir werden mit der gleichen Begeisterung
arbeiten wie bisher.«

Dann war Andreas an der Reihe. »An erster Stelle möchte ich
dem Präsidenten der Republik und dem Finanzminister für das
Vertrauen und die Unterstützung danken, die sie mir stets und
bedingungslos erwiesen haben.

Ich habe das Studium zum Bauingenieur abgeschlossen und
anschließend eine Dissertation vorgelegt, auf die ich stolz bin.
Sie hat mich viel Mühe und Forschungsarbeit gekostet. Ich
glaube, dass ich mit dieser Arbeit einen großen Beitrag leiste.
Diese Dissertation wurde der Universität del Valle von Cocha-
bamba, Bolivien, vorgelegt, wo ich den letzten Teil meines Stu-
diums absolvierte. Sie ist nicht öffentlich verteidigt worden, und
deshalb trage ich auch keinen Ingenieurstitel. Mein Studium
habe ich jedoch regulär abgeschlossen. Ich habe alle Fächer
bestanden, und meine Dissertation ist anerkannt worden.

Ich trage also keinen falschen Titel, und das sage ich mit
großer Genugtuung. Ich sage es auch zu Ehren meiner neunjäh-
rigen Tochter Tania, die mich gestern fragte: ›Papa, ist es wahr,
dass du einen falschen Titel trägst?‹ Als ich mein Amt im Jahr
2003 antrat, war ein abgeschlossenes Universitätsstudium die
rechtliche Voraussetzung dafür. Ich habe dieser Voraussetzung
damals entsprochen und mein Studienzeugnis vorgelegt. (Er
hielt Unterlagen in die Kameras.)

Wenn ich nun von der Staatsanwaltschaft angeklagt werde,
so heißt das für mich, dass irgend jemand glaubt, ich hätte eine
unrechtmäßige Zahlung erhalten. Deshalb gehe ich jetzt gleich
direkt zum Finanzministerium, um dort einen Scheck im Wert
von 22 800 000 Guaraníe [etwa 3 700 Euro] abzugeben, der dem
entspricht, was ich in diesen dreieinhalb Jahren verdient habe,
als Zeichen dafür, dass ich nicht die geringste Absicht habe, auch
nur einen einzigen Guaraníe unrechtmäßig zu kassieren.

Ich möchte nochmals wiederholen, dass ich kein einziges
Dokument gefälscht habe und auch keinen falschen Ingenieurs-

titel trage. Damit Sie sehen, dass ich die Absicht habe, dies auch der Justiz gegenüber klarzustellen, habe ich mein Amt zur Verfügung gestellt.«

Andreas hatte die drastischste Steuerreform eingeführt, die es jemals in Paraguay gegeben hat. Und er hatte auch den Mut, umzusetzen, was das Gesetz vorschreibt. Ich schloss diese bewegende Presskonferenz und ging, um meinen Gastgeberpflichten auf dem Gipfel der MERCOSUR-Präsidenten und -Minister nachzukommen.

Doch zuvor rief ich in meinem Büro an. Dabei erfuhr ich, dass die Angestellten des Finanzministeriums nun streiken würden. Die Gewerkschaft hatte bereits angekündigt, dass kein Angestellter das Ministerium betreten dürfe. Ich hatte meinen engsten Mitarbeiterkreis daher angewiesen, um 4.00 Uhr morgens in ihren Büros zu sein. Zum Glück konnten sie um die Zeit noch in das Gebäude gelangen. Die Streikenden erhielten alkoholische Getränke in Einwegbechern (damit niemand merkte, dass sie Whiskey bekamen ...). Und man gab ihnen rohe Eier, um damit die Kollegen zu bewerfen, die versuchen sollten, in das Gebäude zu gelangen. Als die frisch ernannte Vizeministerin von der Pressekonferenz zu ihrem Büro eilte, hagelten die Eier auf sie nieder. Sie wich den Angriffen sehr geschickt aus, konnte aber nicht ganz allen Eiern entgehen, die ihr an den Kopf geworfen wurden. Natürlich wollte jeder gerne sehen, wie sie damit fertig werden würde. Gloria Páez sagte einfach: »Eier sind sehr gut für die Haare! Nachdem ich meine nun damit gewaschen habe, wollen wir an unsere Arbeit gehen.«

Die Streikenden hatten eine leistungsfähige Lautsprecheranlage als »Geschenk« von einigen hilfsbereiten »Freunden« bekommen, die in meinem Ministerium eine Verwüstung anrichten wollten. Die Reden begannen früh am Morgen und wurden den ganzen Tag fortgesetzt – und sie waren mir gegenüber nicht gerade freundlich!

Während der Gipfelkonferenz saß ich neben unserem Präsidenten. Mein Stab informierte mich alle 15 Minuten über mein Mobiltelefon über den Streik. Ich mag konzentriert gewirkt haben, doch meine Gedanken waren nicht bei diesem Gipfel. Während die MERCOSUR-Sitzungen weitergingen, versuchte ich, mein Team zu ermutigen, das sich in einer harten Auseinandersetzung befand. Ich wiederholte immer wieder, dass wir nicht auf die Forderung nach einer Gehaltserhöhung eingehen würden.

Der Streik wurde heftiger. Die Polizei wurde eingeschaltet. Einzelne Streikende wurden ins Krankenhaus gebracht. Schließlich kam es sogar zu Gewalttätigkeiten.

Der zweite Tag. Angestellte im öffentlichen Dienst dürfen streiken, aber sie müssen dafür eine Erlaubnis für eine bestimmte Dauer beantragen. Die Streikenden hatten nur zwei Tage beantragt. Sie wussten, dass dies ihr letzter Tag war, und sie mussten nun ein Ergebnis erreichen, denn der internationale Gipfel ging bereits seinem Ende entgegen und das Wochenende stand vor der Tür. In ihren Herzen waren sie dem Finanzministerium gegenüber immer noch loyal, aber sie versuchten, höhere Gehälter zu bekommen. Sie merkten jedoch, dass die Zeit auf meiner Seite war.

Am Morgen des zweiten Tages gelang es einer Angestellten unserer Kommunikationsabteilung, das Gebäude zu betreten. Die Streikführer forderten sie per Lautsprecher auf, herauszukommen, andernfalls würden sie sie holen kommen. Sie drohten, das Gebäude mit Gewalt zu stürmen, das Innere zu zerstören und die Angestellte herauszuholen. Ich arbeitete mit dem Präsidenten gerade an Einzelheiten des MERCOSUR-Gipfels.

Der Präsident verfügte über Erfahrung im Umgang mit Streiks. Er rief den Polizeichef Fidel Isasa an und forderte Wasserwerfer an, um die Menschen auseinander zu treiben. Er bat den Chef, persönlich das Kommando über diesen Einsatz zu übernehmen. »Du machst sie alle nass, du überflutest sie nötigenfalls alle mit Tränengas!«, befahl er.

Mittags informierten die Streikenden mich, sie würden den Streik verlängern, wenn ich nicht mit ihnen verhandeln würde. Ich antwortete: »Gerne! Ihr wisst ja: Ich werde meine Meinung nicht ändern. Und sobald der Gipfel hier vorbei ist, werde ich mich persönlich darum kümmern, eure Bemühungen zunichte zu machen ...« Sie sahen ein, dass ich nicht nachgeben würde.

Am Nachmittag lud die Gewerkschaft uns zu einem Treffen ein. Dort gaben sie eine Liste von Bedingungen bekannt. Wir teilten ihnen mit, dass ich als Finanzminister nicht bereit sei, mit ihnen zu verhandeln, wenn sie von vornherein auf ihren Bedingungen bestanden. Dann beschlossen wir gemeinsam, eine Arbeitsgruppe zur Gehaltsfrage zu bilden.

Schließlich waren sie bereit, den Streik einzustellen. Wir hatten ihnen versichert, dass es keine Gegenbeschuldigungen und Vergeltungsmaßnahmen gegen sie geben würde. Ich ging ins Büro, um mit den Angestellten zu sprechen. Die Rentner hatten Angst, sie würden ihre Schecks nicht bekommen, wenn der Streik noch weiterginge. Das trug dazu bei, dass die öffentliche Meinung sich nun gegen die Streikenden richtete. Die wiederum wollten den Rentnern natürlich gar nicht schaden. Harte und intensive Verhandlungen zwischen der Gewerkschaft und den Vermittlern des Finanzministeriums brachten uns voran.

Am Freitag Nachmittag, zwei Stunden nach Unterzeichnung der Erklärung und Aufhebung des Streiks, empfing ich die Führer der zwei Gewerkschaften aus unserem Ministerium. Angespannt traten sie ein. Ich versuchte, sie entspannt zu begrüßen, obwohl ich die Ausdrücke noch nicht vergessen hatte, mit denen sie mich am Vortag bezeichnet hatten. Ich muss jedoch sagen, dass sie mir immer – vor und während des Streiks – viel Respekt erwiesen haben, bei weitem mehr als meinen Vorgängern.

Ich begann damit, dass ich den Anwesenden sagte, dass sie Recht hätten. Ich tat mein Bestes, um das Eis zu brechen.

Dank ihrer Arbeit habe das Finanzministerium gute Ergebnisse erzielt. Ich erinnerte sie daran, dass ich auf der Pressekonferenz genau dasselbe gesagt hatte. Und ich versicherte ihnen, dass ich ihre Bitten verstand und dass viele von ihnen tatsächlich eine Gehaltserhöhung verdient hätten. Ich wies aber auch darauf hin, dass wir gerade jetzt den Nöten des ganzen Landes und nicht ihren persönlichen Bedürfnissen den Vorrang geben und eine Gehaltserhöhung deshalb aufschieben müssten. Ich warb um Verständnis. Dann forderte ich sie heraus: »Ihr seid Leute mit langer Berufserfahrung in diesem Ministerium, und ich danke euch für all eure Unterstützung. Aber ich frage euch: Könnt ihr mir einen Minister nennen, der seit dem Beginn der Demokratie in Paraguay 1989 mehr zur Verbesserung eurer Arbeitsbedingungen erreicht hat als ich?«

Bei diesem Gespräch waren 17 Personen anwesend, jeweils sechs Vertreter der beiden Gewerkschaften sowie fünf meiner engsten Mitarbeiter. Ich bekräftigte meine Entschlossenheit, mich gemeinsam mit ihnen für möglichst viele Vergünstigungen einzusetzen. »Aber nennt mir einen Minister, der mehr erreicht hat, und ich will von ihm lernen!« Sie bestätigten, dass ich recht habe, und baten um Verständnis für ihre Situation: »Dies ist politisch einfach der beste Augenblick, Vergünstigungen für unsere Leute zu bekommen!« Und sie appellierten an meine Gefühle. Sie erzählten von Mitarbeitern, die fast hungerten, ihre Kinder nicht zur Schule schicken könnten, die einfach nicht genug Geld hatten für ein menschenwürdiges Leben.

Sie betonten, der Präsident weise ständig auf die Erfolge des Finanzministeriums hin, und dass sie durchaus bereit seien, noch mehr und noch härter zu arbeiten. Und sie machten ein weiteres Angebot: »Wir wissen, dass Sie ein persönlicher Freund des Präsidenten sind, und er wird den guten Willen der Opposition schätzen. Wenn Sie Ihre guten Beziehungen nutzen, werden wir auch unsere guten Verbindungen zur Opposition im Parlament nutzen.«

Mir war bekannt, dass die Gewerkschaftsvertreter mit Freunden des Präsidenten verhandelt hatten, um eine Audienz beim Präsidenten zu bekommen. Ich wusste auch, dass der Präsident bereit war, sie zu empfangen, denn er wollte in solchen Situationen durchaus seinen guten Willen zeigen. Aber der Präsident kannte auch meine Einstellung. Ich hatte ihm gesagt: »Denken Sie nicht einmal daran, diese Leute jetzt zu empfangen, auch wenn einige Politiker das befürworten. Ich werde stattdessen eine Sitzung meiner Angestellten mit Ihnen koordinieren. Das wird effektiver sein als die Bemühungen einiger opportunistischer Politiker, die in manchen Krisen nur Vorteile für sich selbst suchen.«

Die Gewerkschaftsfunktionäre wussten, dass ich ein Treffen mit dem Präsidenten unterbunden hatte. Aber jetzt drangen sie darauf, ein Versprechen vom Präsidenten selbst zu erwirken, da ich nicht bereit war, auf ihre Forderungen einzugehen. Deshalb machte ich ihnen ein Angebot: »Ich werde mich für ein Treffen mit dem Präsidenten einsetzen. Inzwischen müsst ihr jedoch dafür sorgen, dass unter euren Mitgliedern Frieden und guter Wille herrschen. Wenn diese Drohungen und der Druck nicht aufhören, gibt es sicher kein Gespräch mit dem Präsidenten.«

Zeitweilig wurde es nun ruhiger. Sieben Tage später trafen die Gewerkschaftsführer mit mir zusammen den Präsidenten. Ich gab den Außenseiter, während der Präsident mit seinen Parteiführern verhandelte. Nach vielen Begrüßungen und Plaudereien unter Parteifreunden, als die Gruppe warm geworden war, sagte der Präsident: »Dies ist eine so wichtige Sache, dass wir die Frage einer Gehaltserhöhung auf den nächsten Jahreshaushalt verschieben sollten – dann können wir uns viel gründlicher damit befassen.« Bei dieser Sitzung erreichten wir also einen Konsens: Es würde in diesem Haushaltsjahr keine Gehaltserhöhung geben, aber wir konnten einige zusätzliche Zuwendungen bewilligen und dennoch im Rahmen des Etats bleiben. Wir würden gemeinsam hart arbeiten, um im nächsten Haushalt eine Gehaltserhöhung einzuplanen und die Zustimmung des Parlaments dafür zu erhalten.

Der Präsident war bei Problemlösungen eine wunderbare Hilfe. Er redete ausführlich über die Errungenschaften der Partei und über gemeinsame Freunde und betonte dabei immer wieder, wie tüchtig die Leute seien. Nach einer halben Stunde oberflächlichen Geplauders hatte er sie davon überzeugt, dass er Verständnis für ihre Nöte hatte. Den Gewerkschaftsführern rechne ich es hoch an, dass sie die große Bereitschaft zeigten, diese heikle Frage zu lösen. Auch der Präsident und ich wollten eine für beide Seiten befriedigende Lösung finden.

Ich lernte viel aus der Bewältigung dieser Krise:

- Ich empfand eine noch tiefere Achtung und Liebe gegenüber den Angestellten des Finanzministeriums. Ich kam zu der Überzeugung, dass die überwältigende Mehrheit das Beste für alle wollte.

- Ich sah, wie wichtig es ist, gegenseitige Loyalität und Vertrauen zwischen Vorgesetzten und Mitarbeitern zu schaffen und diese auch in Zeiten der Krise zu bewahren.

- In Krisenzeiten lernt man den eigenen Charakter und auch den anderer Leute besser kennen.

- Gewerkschaftsführer müssen Erfolge erzielen, um an der Macht zu bleiben. Und manchmal manipulieren sie zu diesem Zweck auch Menschen. Das wird geradezu von ihnen erwartet, denn andernfalls verlieren sie ihre Daseinsberechtigung.

- Bei komplizierten Verhandlungen ist es wichtig, den uns von einer Institution verliehenen Status und unsere rechtmäßige Rolle hintenan zu stellen, bis eine menschliche Beziehung vorhanden ist. Ich versuchte in diesem Fall, nicht auf meine Stellung als Finanzminister zu pochen, sondern einfach nur Ernesto zu sein. Dadurch wurde der Gewerkschaftsführer ebenfalls zu einem Pedro.

Ich glaube, das sind wichtige Einzelheiten, wenn man eine erfolgreiche Position für sich und für die Gegenpartei schaffen will – besonders, wenn die Presse vor der Tür eine harte Auseinandersetzung erwartet. Ich versuchte, mich auf die Lösung zu konzentrieren und auf mein stets hilfreiches Team zu vertrauen. Mit einem Gefühl für den rechten Augenblick und der Fähigkeit, diesen Moment nicht zu versäumen, kann man bei Verhandlungen großzügig sein.

Ich hatte meine Stellung als Minister weder aufgegeben noch herabgesetzt. Ich hatte aber auch nicht mit meiner Macht geprotzt. In einer Krise können beide Seiten nur verlieren, solange es so aussieht, als würde es zu einer mörderischen Auseinandersetzung kommen. Doch damit hätten wir auch unseren guten Ruf als Ministerium verloren. Ein Kampf, eine Spaltung, eine mörderische Geschichte hätte keiner Seite genützt. Als die Gewerkschaftsführer dies langsam begriffen, und als ich sie davon überzeugt hatte, dass ich auch ihnen Erfolg wünschte, konnte ich für sie zu einem Menschen werden. Nun konnten wir über den rechten Zeitpunkt reden, um uns mit dem Präsidenten zu treffen.

Diese Erfahrung war für mich eine wichtige Lektion in Sachen Krisenbewältigung. Sie half mir, eine klarere Strategie zur Personalentwicklung im öffentlichen Dienst zu entwickeln. Ich bin zu der Überzeugung gelangt, dass deren Motivation für das Wohl des Landes das Wichtigste ist – Nummer eins –, dicht gefolgt von ihrem Fleiß.

Kapitel 17

Aussteigen lernen

A ls ich Mitglied der Regierung wurde, war mir bereits klar, dass ich nicht ewig in der Politik bleiben würde. Ich hatte Gott darum gebeten, mich vor der Vergiftung durch Macht zu bewahren, so dass ich in der Lage sein würde, mich im richtigen Moment zurückzuziehen.

Ich war Chef des Führungsstabes der Regierung geworden. Ich war inzwischen länger im Amt als fast alle jetzigen oder früheren Kabinettsmitglieder, und das Finanzministerium war eines der mächtigsten. In den letzten 14 Jahren war ich der Finanzminister mit der längsten Amtszeit.

Im Mai 2007 hatte ich außerordentlich begabte Mitarbeiter im Finanzministerium. Und nach einer schweren Krise unserer Zentralbank hatten wir auch dort ein gutes Team aufgebaut. (Die Zentralbank hat eine ähnliche Aufgabe wie die Deutsche Bundesbank; sie steht mit dem Präsidenten durch das Finanzministerium in Verbindung. Die Bank arbeitet unabhängig, steht jedoch in enger Verbindung mit dem Ministerium.) Die Wirtschaftsdaten dieses Monats waren die besten, die es jemals in der 18-jährigen Demokratie Paraguays gegeben hatte.

Wir waren bereits intensiv dabei, den Staatshaushalt für 2008 auszuarbeiten – eine meiner Hauptaufgaben –, und die

Ergebnisse des Jahres 2007 begannen sich abzuzeichnen. Wir rechneten damit, dass der kommende Haushalt klare Ziele festlegen würde, bevor die anderen Ministerien uns ihre Wünsche und Bedürfnisse meldeten. Ich wusste, dass in vielen Ministerien ein harter Kampf in Sachen Gehaltserhöhungen bevorstand. Doch wir würden die Gehälter 2008 nicht erhöhen können, weil dadurch ein Defizit entstehen und die Inflation zunehmen würde. Sollte es Erhöhungen in einzelnen Bereichen geben, so würden bald alle für eine Gehaltserhöhung streiten, und das konnten wir uns einfach nicht leisten.

Vieles hatte sich bereits deutlich gebessert, aber ich merkte auch, dass ich gemeinsam mit meinem Team viel zu schnell unterwegs war. Ein Fahrzeug, das ständig fährt, nutzt ab, besonders, wenn es eine schwere Last befördert.

Ich merkte auch, dass am Horizont eine gewaltige Oppositionswelle gegen meine Sicht und mich persönlich auftauchte. Die politische Atmosphäre wurde durch die bevorstehenden Wahlen im April 2008 beeinträchtigt, und das verstärkte die Opposition gegen mich. Ich hatte viele unbeliebte Entscheidungen getroffen. Jeder, der gegen die gegenwärtige Regierung gewinnen wollte, musste ein prominentes Kabinettsmitglied angreifen, und ich gehörte nun mal auch dazu. Es war ein guter Zeitpunkt, unsere Errungenschaften hervorzuheben, aber bestimmte Interessengruppen griffen auch unsere Politik an. Bei unseren Bemühungen, Steuerhinterziehung einzudämmen, hatten wir viele empfindliche Stellen berührt.

Ich sorgte mich jedoch gar nicht am meisten um die Kritik, die mir bevorstehen könnte, oder um die Schwierigkeiten, mit denen ich mich würde auseinandersetzen müssen. Was mir viel mehr Sorgen bereitete, war die Qualität meiner Leitung in meinem gegenwärtig erschöpften Zustand. Würde ich dem Land das geben können, was es braucht?

Ich war zutiefst erschöpft, in mir hatte sich viel Müdigkeit angestaut. Ich benötigte inzwischen Medikamente, um schlafen und auch, um meine Arbeit tun zu können. Es kam so weit, dass ich mir manchmal nicht sicher war, ob meine Selbstbeherrschung ausreichend wäre, um mich bei der Stange zu halten. Ich war mir meiner machtvollen Stellung bewusst und fragte mich daher zuweilen, ob ich in der Lage sein würde, großen Schaden oder eine Katastrophe zu verhüten, falls ich die Selbstbeherrschung einmal verlieren sollte.

In dieser Situation erinnerte Gott mich an zwei Dinge. Große Führer in der Bibel und auch sonst in der Geschichte begingen schreckliche Fehler, wenn sie überanstrengt waren und die Selbstbeherrschung verloren (wie etwa Mose). Zudem hatte ich in meinem Unternehmen stets gepredigt, dass der Friedhof von Leuten überladen sei, die sich für unersetzlich und unentbehrlich hielten. Deshalb sagte ich mir: Es gibt andere Menschen, die diese Arbeit besser machen können als ich. Davon war ich überzeugt.

Nachdem diese Wahrheit einmal bei mir Eingang gefunden hatte, begann ich darüber nachzudenken, wie ich das Wohlergehen des paraguayischen Volkes sicherstellen könnte, wenn ich meine Stellung aufgab. Die meisten Meinungsumfragen bestätigten mich als den zweitbeliebtesten Minister, nur von der Kultusministerin übertroffen, die später für die Präsidentschaftswahl kandidierte. Ich hatte den staatlichen Apparat und die Privatwirtschaft davon überzeugt, dass die Wirtschaft während des bevorstehenden Wahlkampfes nicht leiden würde. Selbst die Zeitungen behaupteten das, es war eine weit verbreitete Meinung.

Eines Tages fiel mir ein Ausspruch wieder ein, der mich bereits zuvor beeindruckt hatte: »Einen guten Leiter erkennt man daran, wie die Institution weiterarbeitet, nachdem er nicht mehr da ist.« Ich stellte auch fest, dass die wirkliche Arbeit der Kirche erst dann begann, als Jesus nicht mehr da war und die Jünger das zu tun begannen, was er gelehrt hatte.

Während dieser Tage im Mai 2007 machte ich längere Spaziergänge und begann, den ersten Entwurf eines Rücktrittsgesuchs zu schreiben. Ich wollte auf keinen Fall andere durch meinen Rücktritt bedrohen. Und ich wollte testen, wie mein Körper darauf reagieren würde. Ich fühlte Frieden in meinem Herzen, und so machte ich weiter. Es war mir klar, dass mein Nachfolger besser sein sollte als ich. Gute Lehrer wissen, dass ihre Schüler besser sein und es auch weiter bringen sollten als sie selbst. Wie sollte sich die Menschheit andernfalls weiterentwickeln?

In den folgenden zwei Monaten war ich also dabei, meinen Rücktritt vorzubereiten. Dabei hatte ich drei Hauptanliegen: 1. Ich wollte, dass die Wirtschaft des Landes und das Wohlergehen des Volkes dadurch keinen Schaden erlitten. Im Gegenteil, ich wollte einen Fortschritt. 2. Ich wollte, dass der Präsident durch meinen Rücktritt keinesfalls Ehre einbüßte. Er war mir gegenüber stets außerordentlich loyal gewesen und hatte meine Arbeit bedingungslos unterstützt. 3. Und ich wollte auch nicht, dass meine Entscheidung fälschlich so ausgelegt würde, als hätte die Regierung die Dinge aufgrund der bevorstehenden Wahlen nicht mehr fest im Griff.

Ich begann meine Arbeit an zwei Fronten. Erstens bereitete ich meinen Rücktritt vor, insbesondere die Frage, wie ich dem Präsidenten diese Nachricht übermitteln wollte. Das würde schwierig sein. Ich überlegte auch, wie ich es am besten der Presse mitteilen könnte, so dass die Leute mich möglichst verstanden. Zweitens würde ich Kandidaten vorschlagen müssen, die in der Lage waren, eine Reihe von Aktionen weiterzuführen und dabei größere Erfolge zu erzielen als ich – auch wenn natürlich der Präsident seine Minister ernennt. Ihm war sicherlich wichtig, dass mein Nachfolger unsere Arbeit fortsetzte. Und da er meine Amtszeit vollenden müsste, würde er nur gut ein Jahr im Amt sein.

Nachdem ich einige Puzzleteile beieinander hatte, sprach ich mit meiner Frau Lucy darüber. Ich fing auch an, mit meinen engsten Freunden darüber zu sprechen, um mein Vorhaben gemeinsam zu prüfen. Sie unterstützten mich alle.

Ich lud das Leitungsgremium meiner Gemeinde ein; wie damals, als ich zum ersten Mal die Möglichkeit erwog, Industrie- und Handelsminister zu werden. Am Donnerstag, 12. Juli 2007 feierten wir gemeinsam ein *Asado* (ein Grillfest) in unserem Wochenendhaus. Lucy bereitete eine großartige Mahlzeit vor. Und die Gemeindeleiter halfen mir, vier Aspekte meiner Entscheidung an Hand der folgenden Fragen zu prüfen:

1. Ist meine Beteiligung an der Regierung ein echtes Dienen und ein christliches Zeugnis, und wird das in den nächsten Monaten so bleiben?

2. Würde mein Rücktritt die gegenseitige Unterstützung und meine freundschaftlichen Beziehungen zum Präsidenten und seiner Frau beeinträchtigen?

3. Ist meine eigene Zukunft gefährdet oder die meiner Firma?

4. Wie schwer wirkt sich mein gegenwärtiger Stress auf meine Ehe und meine Kinder aus?

Die Antwort auf die erste Frage war: Ja.

Die Antwort auf die zweite Frage: Vielleicht. Ich würde jedoch alles tun, um das zu verhindern.

Die Antwort auf die dritte Frage war: Ohne Zweifel setzte ich mich einem beträchtlichen Risiko aus, sowohl in persönlicher als auch in geschäftlicher Hinsicht.

Die Antwort auf die vierte Frage: Ja, es ist eine zu große Belastung für meine Frau und meine Kinder. Ja, sie haben wegen meinem Stress sogar große Opfer bringen müssen.

Der Rat und die Empfehlung seitens meiner Gemeinde sind für mich immer sehr wichtig gewesen. Ich brauchte ihre Weisheit, als ich einen Beitritt zur Regierung erwog, und auch als ich darüber nachdachte, das Regierungsamt niederzulegen. Ich ging nicht zuerst zu ihnen, als ich an meinen Rücktritt zu denken begann, weil ich vorher einige praktische Fragen klären wollte. Doch die Gemeinde war ausschlaggebend für meine Entscheidung, und ich wollte von jeder Belastung durch geringere

Probleme frei sein, wenn ich mich von unseren Gemeindeleitern beraten ließ.

Dieser Abend mit unserer Gemeindeleitung war eine große Hilfe für mich, und als Folge davon konnte ich auch meine Vorgehensweise korrigieren. In den folgenden Tagen telefonierte ich mit mehreren von ihnen, um nächste Schritte zu klären.

Am Freitag, 20. Juli 2007 bat ich den Präsidenten um ein Gespräch in entspannter Atmosphäre. Am Sonntag Nachmittag traf ich mit meiner »Schultasche«, wie er sie nannte, in seiner Residenz ein.

Ernst Bergen mit Tochter Daniela und Sohn Samuel.

Und dann begann die Show! Er fragte mich: »Bist du gekommen, um irgend etwas von mir zu kassieren?«

Ich antwortete: »Ich bin gekommen, damit wir uns gemeinsam ansehen können, was wir bisher geschafft haben und wie die Zukunft aussehen könnte. Lassen Sie uns mal meinen Bericht ansehen ...« (siehe »Argumente für den Rücktritt«, Seite 188).

Ich hatte eine lange Liste der Punkte zusammengestellt, die wir erreicht hatten, damit er sehen konnte, wie gut die augenblickliche Wirtschaftslage war. Er schöpfte noch keinen Verdacht. Doch als wir am Ende der ersten Seite angelangt waren, unterbrach er mich: »Was willst du mir hier für eine Predigt halten? Glaubst du, ich bin nicht fromm genug?« Natürlich ahnte er, dass da noch etwas kommen würde. Ich fuhr fort mit Seite zwei, sprach von der Zukunft und betonte die Qualifikation unserer Leute und die ausgezeichnete Teamarbeit, die wir im Bereich der Wirtschaft hatten. Der Präsident saß da und blickte auf das Blatt. Er ahnte bereits, was jetzt kam, und sagte: »Sag, was du noch zu sagen hast, und dann schließ deine Mappe. Alles bleibt beim Alten. Lass uns das Thema wechseln.«

Aber ich blätterte nun auf Seite drei, wo es um meine persönliche Situation ging. Ich war nun seit 47 Monaten im Amt – 26 als Finanzminister und 21 im Handels- und Industrieministerium. Als ich an die Stelle kam, wo ich mich bei ihm für die Gelegenheit, zu dienen, bedankte und er mein unterschriebenes Rücktrittsgesuch sah, unterbrach er mich: »Habe ich dir gegenüber irgend etwas versäumt? Bitte sag es mir, damit ich das zurecht bringen kann, so dass wir bis zum Ende meiner Amtszeit zusammen bleiben können.«

Ich versicherte ihm, dass er mir gegenüber nichts Unrechtes getan hätte. Er meinte: »Das kannst du jetzt nicht machen. Wie willst du das der Presse erklären? Alle werden glauben, dass etwas anderes dahinter steckt!«

Ich sagte, dass meine Mappe eine Strategie enthalte, wie wir es der Presse mitteilen und der öffentlichen Meinung begegnen könnten. Ich zeigte ihm die Ansprache, die ich mir bereits aufgeschrieben hatte.

Der Präsident und ich sind Freunde. Wir haben ein hohes Maß an Vertrauen zueinander. Deshalb dachte er natürlich, es müsse noch irgend einen anderen Grund für meine Entscheidung geben. Unser Treffen an jenem Sonntag endete damit, dass er mich bat, meine Mappe wieder mitzunehmen. Ich wiederum bestand darauf, zurückzutreten – und er sollte der erste sein, der das von mir selbst erfuhr. Ich verabschiedete mich und bat ihn, sich mein Dokument nochmals anzusehen und weiter mit mir über mein Gesuch und die Zukunft des Ministeriums zu sprechen.

Dieses Gespräch war eins der schwierigsten, die ich jemals erlebt habe. Es belastete mein Herz, weil ich sah, wie es einen guten Freund quälte. Ich hatte eine schlechte Nacht. Aber ich war davon überzeugt, das Richtige zu tun.

Am nächsten Morgen ging ich früh ins Büro. Auf dem Weg rief mich der Präsident an und bat mich, in sein Büro im Regierungspalast zu kommen. Ich ging direkt dorthin. Diese Unterhaltung war von Verständnis geprägt und von der Herzlichkeit von Freunden. Ich versprach dem Präsidenten, ihn auch von außen zu unterstützen, so gut ich konnte. Und ich wollte alles tun, was in meinen Kräften stand, um das Team des Finanzministeriums zu erhalten.

Nach einem längeren Gespräch gingen wir dazu über, mögliche Kandidaten zu prüfen, und einigten uns bald auf einen. Der Präsident bat mich, ihn so bald wie möglich anzurufen und um ein Treffen zu bitten. Ein großer Stein fiel mir vom Herzen. Wenn ich gekonnt hätte, wäre ich übers Dach des Regierungsgebäudes gesprungen! Der Kandidat, auf den wir uns einigten, war César Barreto. Er war zu jener Zeit Präsident der Finanzagentur für Entwicklung, einer neuen Institution, die wir erst geschaffen hatten. Innerhalb von zwei Jahren hatte er erstaunliche Erfolge erzielt. Ich rief ihn an: »Der Präsident möchte mit Ihnen sprechen.« Er fragte: »Worum geht's?« Ich antwortete: »Ich glaube, es ist am besten, wenn der Präsident Ihnen das selbst mitteilt.« Er war einverstanden: »Ich bin schon unterwegs ...« Dieses Gespräch sollte allein zwischen César und dem Präsidenten stattfinden.

Nach der Sitzung rief er mich an und sagte: »Herr Minister, Sie haben mich in Schwierigkeiten gebracht!« Ich antwortete: »Das glaube ich ganz und gar nicht. Unser Präsident hat eine großartige Vision für die Zukunft.«

César und ich hatten bisher gut zusammengearbeitet. Nun begannen wir, uns intensiv zu unterhalten. Ich gab ihm alle heiklen Informationen, die er brauchte. Er prüfte das Angebot, hatte aber noch nicht eingewilligt, diesen Dienst wirklich zu übernehmen. Ich ermutigte ihn dazu und erklärte, warum ich zurücktreten wollte. Er war, wie ich auch, kein Politiker und gehörte nicht zur Regierungspartei. Er wollte genau wissen, ob es Spannungen oder irgendeinen Konflikt zwischen mir und dem Präsidenten gab.

Am Donnerstag würde die Agentur, die er leitete, ihren Jahrestag feiern, und sie wollten die glänzende Bilanz dieser Dienststelle bei der Gelegenheit verkünden. Am Freitag, also dem Tag danach, würde er seine Entscheidung bekannt geben. Nach einigem Hin und Her nahm er die Stellung als Finanzminister schließlich am Samstag Morgen an. Wir vereinbarten, dass wir einander helfen und den Personalstab des Finanzministeriums bitten würden, mit ihm weiterzuarbeiten.

Ich setzte mich nun einzeln oder in kleinen Gruppen mit allen 20 Führungskräften zusammen. Von Freitag Abend bis spät in die Nacht am Samstag erklärte ich ihnen, warum ich zurücktrat und warum es wichtig war, dass sie blieben. Ich war dankbar für ihr Verständnis und ihre Bereitschaft, dem neuen Vorgesetzten zu vertrauen. Am Sonntag riefen wir all diese Führungskräfte des Finanzministeriums zusammen, dazu den neuen Präsidenten der Finanzagentur für Entwicklung, Hilton Jardini, der Barretos Nachfolge antrat. Die Sitzung sollte um 9.00 Uhr unter der Leitung des Präsidenten beginnen. Um 11.00 Uhr würden wir meinen Rücktritt und die Ernennung meines Nachfolgers dann öffentlich bekannt geben.

Die Sitzung war für mich sehr bewegend. Ich dankte jedem, besonders dem Präsidenten, und stellte klar, dass dies eine ganz private Entscheidung war. Ich hatte keinen Streit mit dem Präsidenten; wir würden Freunde bleiben. Dann sagte der Präsident, dass sich wirtschaftlich dadurch nichts ändern würde. Gemeinsam dankten wir Barreto für seine Bereitschaft, einzuspringen. Barreto dankte dem Team fürs Weitermachen und dem Präsidenten für seine Loyalität. Auch viele andere bezeugten ihre Dankbarkeit und Einsatzbereitschaft. Und dann begaben wir uns unter der Führung des Präsidenten zur Pressekonferenz.

Es war ein Aufsehen erregendes Ereignis, das große Wellen schlug, denn zum ersten Mal in der paraguayischen Demokratie fand ein Wechsel des Finanzministers ohne vorherige Gerüchte und ohne Druck statt. Zum ersten Mal gab es eine ausgeprägte Bereitschaft zur Kontinuität, denn die gesamte Belegschaft blieb, um unter dem neuen Minister weiterzuarbeiten.

Für mich war das ein guter Abschluss. Der neue Minister wurde von den Angestellten des Finanzministeriums, der Öffentlichkeit, dem Präsidenten und dem Kabinett gut aufgenommen. Der Präsident bestätigte mir unter vier Augen: »Alles läuft sehr gut.«

Ich bin auch dankbar dafür, dass die Öffentlichkeit wie auch die Leute, mit denen ich eng zusammengearbeitet habe, diesen Wechsel akzeptierten, ohne den Präsidenten oder mich zu beschuldigen oder den Führungsanspruch des Präsidenten zu untergraben. Wir wollten unbedingt vermeiden, dass mein Rücktritt als Mangel an Loyalität oder Vertrauen zum Präsidenten ausgelegt wurde. Einige hatten die Sorge, dass mein Abschied das öffentliche Vertrauen in den Präsidenten beeinträchtigen könnte. Manche Leute schrieben es mir zu, die Regierung zusammenzuhalten, weil der Präsident als sehr politisch galt. Aber kein Unglück geschah.

Teil der Regierung zu werden, ist wie der Start eines Flugzeugs. Aber jeder Pilot weiß, dass die Landung ein ebenso riskantes Manöver ist. Das war mir seit dem Beginn meiner Amtszeit als Minister klar. Ich brauchte einen Plan für die Landung.

Habe ich in diesen vier Jahren im öffentlichen Dienst etwas gelernt? Die Natur kennt ihren Weg, und das ist gut so. Es ist unsere Arbeit, zu säen und zu pflanzen, Gott aber gibt Wachstum und Gedeihen. Ich habe es als ein großes Vorrecht empfunden, Gottes Gnade hautnah zu erleben und mich an etwas beteiligen zu können, das gut ausging. Dabei ist mir sehr klar, dass es dafür keine Garantie gibt. Ich kenne Leute, die besser gesät und gepflanzt haben als ich und doch nicht das Vorrecht hatten, den Erfolg ihrer Arbeit zu sehen.

Ich denke oft an meine Eltern, die für mich immer noch sehr wichtig sind. Sie sind sehr glücklich, obwohl sie keine irdische

Macht und nur wenig Geld haben. Aber sie verfügen über eine beispielhafte Zufriedenheit – sie sind dankbar für ihre Familie und ihre Gesundheit und opfern ihr Leben für andere. Sie genießen ihren gegenwärtigen Lebensabschnitt mit ihren Freunden. Ich möchte mein Leben mit demselben tiefen Frieden beenden, den ich in ihnen sehe.

Mir ist sehr bewusst, wie viele Leiter versagen. Ich arbeite ständig daran, möglichst klar zu definieren, worin für mich Erfolg besteht. Ich glaube, das Wichtigste ist, sagen zu können: Ich habe getan, was Gott von mir verlangt hat. Jesus sagte das von sich – er hat seinen Vater verherrlicht – und ich glaube, es ist auch das Beste, was ich tun kann.

Studieren ist immer noch nicht meine Stärke, aber ich lese jetzt mehr als früher. Körperlich bin ich nicht mehr ganz so fit. Ich nehme Medikamente, wenn ich reise. Ich weiß genau, dass ich meine Mitmenschen brauche, wenn ich erfolgreich sein will. Ich bin von den Gaben, der Hilfe und der Sachkenntnis anderer abhängig.

Über solche Dinge spreche ich oft mit Lucy. Sie hat ein sicheres Gefühl dafür, wann es Zeit ist, zu reden oder zu schweigen. Und sie stellt gute Fragen.

Gemeinsam versuchen wir, unsere Kinder zur Gewissenhaftigkeit zu erziehen, zu einem Gemeinschaftssinn. Lucy und ich beten für sie und mit ihnen. Ich möchte ein gutes Vorbild sein und auch meine Fehler zugeben. Ich sollte als Vater noch viel besser werden. Während der Zeit, als ich in der Regierung war, habe ich für meine Kinder zu wenig Zeit gehabt und mich zu wenig um sie gekümmert.

Lucy hat, was elterliche Fürsorge betrifft, Hervorragendes geleistet und dabei nicht nur ihren Teil getan, sondern auch meine Versäumnisse auszugleichen versucht. Gott sei Dank habe ich eine gute Beziehung zu Daniela (18), Samuel (15) und David (5). Ich spreche mit meiner Tochter über ihre Freunde – hoffentlich diplomatisch genug. Wichtig ist, dass wir ständig den besten Weg suchen.

Am brasilianischen Strand mit Sohn Samuel (1995).

Meine Gemeinde, besonders mein Bruder und seine Familie, sind weiterhin eine große Hilfe für uns. Bis 2005 war er Leiter unserer Gemeinde. Seitdem leitet er eine Schwestergemeinde. Wir sind Nachbarn und leben sehr eng zusammen. Unsere Gemeinde hat uns enorm unterstützt und während dieser ganzen Zeit eine segensreiche Beziehung zu uns unterhalten.

In der Zeit nach dem Rücktritt von meinem Regierungsamt und vor einem Neubeginn habe ich mich selbst besser kennen gelernt. Ich weiß, dass eine meiner schwachen Seiten darin besteht, Entscheidungen manchmal zu schnell zu treffen. Ich versuche, mich darin zu bessern, und Lucy hilft mir dabei. Ich habe, besonders als ich in der Regierung war, gelernt, die verschiedensten Ansichten über dieselbe Sache zu hören und auch Dinge zu hören, an die ich nicht gedacht hatte.

Und noch etwas: Wenn ich einmal eine Entscheidung getroffen habe, bleibe ich dabei. Zuweilen haben sich Menschen durch meine Entschiedenheit und meinen Starrsinn verletzt gefühlt.

Ich habe nicht genug auf Menschen gehört. Ich mache mir ein Bild vom Geschehen, und dann handle ich dementsprechend.

Meinen Mitarbeitern gegenüber bin ich sehr streng und fordere viel von ihnen. Manche Leute können das nicht ertragen und kündigen dann. Die bleiben, werden gewöhnlich sehr treue Mitarbeiter. Ich verlange auch von mir selbst viel. Das Streben nach einem guten Ergebnis kann bei mir zu einer richtigen Besessenheit werden.

Ich grüße zu wenig und frage nicht genug nach dem Ergehen der Leute. Schmeichelei scheint mir nicht zu liegen. Und ich bin kein guter Redner. Ich lerne noch immer und muss dafür einen hohen Preis zahlen.

Schon immer war ich ungeduldig. Ich dachte, es könnte daran liegen, dass ich zu sehr auf Geld aus bin. Aber ich bin genauso, wenn es nicht um Geld geht. In vielen Fällen ist Idealismus ein Problem für mich. Ich weiß nicht, ob ich nicht idealistisch genug oder zu idealistisch bin. Vielleicht bin ich ein frustrierter Idealist. Zwischen meiner Arbeit bei der Regierung und meinem Idealismus gab es ganz schöne Konflikte. Sehr oft konnte ich nicht das erreichen, was ich wollte. Und ich habe festgestellt, wie hart es für einen Idealisten ist, kritische Kommentare zu hören.

Der Präsident meint, dass es mit der Kritik sei wie mit Blut und einem Arzt: Ein Mensch, der kein Blut sehen kann, sollte nicht Arzt werden. Und wenn ein Arzt Blut sieht, dann will er helfen. So ist es auch in der Politik; es braucht Kritik, damit man weiß, dass etwas geheilt werden muss.

Heute bin ich weniger idealistisch als früher. Ich glaube, es ist so ähnlich wie in der Erziehung: Heute weiß ich nichts über Kindererziehung, aber als wir noch keine Kinder hatten, da hatte ich auf alles eine Antwort.

Trotz all meiner Schwächen habe ich Frieden. Eines meiner Gebete ist, dass Gott mir auch weiterhin Frieden geben möge. Darin will ich wachsen. Gott hat mir geholfen, in Bezug auf Geld nicht unersättlich zu werden – und ich war sehr ehrgeizig. Doch ich habe begriffen, dass Geld ab einem bestimmten Punkt nicht mehr glücklicher macht. Ich habe gelernt, dass eine falsche Entscheidung viel Geld kosten kann, während man durch eine richtige viel Geld machen kann. Und ich habe auch gelernt, wie schmal der Grat zwischen solchen Entscheidungen sein kann.

Und was nun? Ich hatte versprochen, Präsident Duarte und dem Stab des Finanzministeriums bis zum Ende der Legislaturperiode im August 2008 zur Verfügung zu stehen, um so viel wie möglich behilflich zu sein.

Auf Empfehlung meiner Berater habe ich die Geschäftsführung meiner Firmen nicht wieder übernommen. Meine Führungskräfte arbeiten sehr gut, und ich würde wohl mehr Probleme verursachen als helfen, würde ich mich wieder am Tagesgeschäft beteiligen. Meine Geschäftsführer übernahmen eine große Verantwortung, als ich in die Regierung wechselte. Es wäre einfach nicht gerecht gewesen, wenn ich nun wieder die Geschäftsführung verlangt, Dinge rückgängig gemacht und die gegenwärtigen Firmenleiter zur Seite geschoben hätte.

Heute versuche ich, beratend und strategisch mitzuwirken. Aber ich konzentriere mich jetzt mehr auf soziale Projekte und die soziale Verantwortung der Wirtschaft. Das sind Bereiche, die mich faszinieren und begeistern. Lucy klagt zuweilen darüber, dass ich jetzt nicht weniger arbeite als zuvor. Aber ich glaube, sie übertreibt ein wenig ...

Ich habe das Kabinett verlassen, weil ich vollkommen ausgebrannt war. Als ich zurücktrat, war ich einer der letzten ursprünglich vom Präsidenten ernannten Minister, die noch im Amt waren. Wie bereits erwähnt, war ich während der letzten drei Legislaturperioden der Finanzminister mit der längsten Amtszeit. Wenn ich jemals wieder in die Regierung zurückkehren sollte, so wäre das kein Anzeichen dafür, dass ich meine Vision geändert hätte. Aber ich weiß auch, dass das einzig Beständige in der Politik die Unbeständigkeit ist.

Von der Intensivstation auf
die Zwischenstation?

D ie ersten Monate des Jahres 2008 waren politisch stürmische Zeiten. Ich war von meinem Posten im Finanzministerium zurückgetreten, bevor der Wahlkampf in seine heiße Phase geriet.

Wenn Nicanor mich jetzt anrief und zu sich bat, fühlte ich mich leicht wie eine Feder. In den gleichen Räumen und Sesseln, wo wir schwierige Sitzungen gehabt hatten und komplizierte Fragen hatten lösen müssen, empfand ich jetzt nur noch Erleichterung. Ich konnte die Rolle eines Freundes übernehmen. Wenn er mich um eine Stellungnahme oder einen Rat bat, stand ich gerne zur Verfügung.

Die Colorado-Partei ging bei der Auswahl des Präsidentschaftskandidaten durch einen mörderischen internen Wahlkampf. Mit einem kleinen Vorsprung von 0,5 Prozent wurde Blanca Ovelar, die Kultusministerin, als Kandidatin der Colorado-Partei gewählt. Durch diesen ganzen Prozess hat es in der Partei schwere interne Verletzungen gegeben, so dass die Einigkeit bis zum Zeitpunkt der Wahlen kaum wiederhergestellt werden konnte.

Wir wussten, dass Blanca nicht die besten Chancen hatte, gewählt zu werden. Obwohl sie eine Frau ist, der das paraguayische Volk sehr am Herzen liegt, die im Bildungsbereich schwer gearbeitet hat und die aus einer ehrlichen und armen Familie stammt, war es für die Colorado-Partei doch eine Zumutung, eine Frau als Kandidatin für das Präsidentamt zu ernennen. Gegen ihre Kandidatur gab es beträchtlichen Widerstand. Und es hat eine Weile gedauert, bis sie selbst sich in die Rolle einer kämpferischen Rednerin im hitzigen Wahlkampf hineingefunden hatte.

Der Wahltag, der 20. April 2008, rückte näher. Die ersten Auszählungen zeigten, dass Blanca kaum Chancen hatte, gegen den ebenfalls kandidierenden Bischof Fernando Lugo zu gewinnen. Er gab sich als Kandidat einer breit gefächerten Allianz von Oppositionsparteien und anderen Gruppen aus. Wir hätten die Politik von Nicanor und seinem Team sowie die gründliche Arbeit, die wir 2003 mit der Bekämpfung der Armut und der Änderung sozialer Strukturen begonnen hatten, in einer zweiten Regierungsperiode mit Blanca als Präsidentin natürlich gerne fortgesetzt. Dabei ging es mir niemals um die Partei, sondern um das Wohl unseres Landes.

Am Wahltag hatten wir strahlenden Sonnenschein. Das gute Wetter und ein Volk, das diszipliniert, friedlich und nach streng demokratischen Regeln wählte, waren ein Segen. Es gab ernsthafte Befürchtungen, dass es zu Gewalttätigkeiten kommen könnte, aber eine rasche Stimmenauszählung ergab einen klaren Sieg für Lugo. Blanca, die unterlegene Kandidatin, gratulierte ihm und gab ihre Niederlage schon ein paar Stunden nach Schließung der Wahlurnen bekannt. Die internationalen Beobachter und Berichterstatter waren erstaunt darüber, wie gut der gesamte Wahlprozess verlaufen war. Ich glaube, dass die friedliche Akzeptanz des Wahlerergebnisses den vielen Gebeten zu verdanken ist. Nicanor war ebenfalls demütig genug, dem neu gewählten Präsidenten noch am Abend des Wahltags zu gratulieren. Ich zweifle nicht daran, dass Nicanor noch lange von seiner

Lucy und Ernst Bergen
in Paris.

Partei beschuldigt werden wird, die politische Macht verloren zu haben. Heute, einige Zeit später, sehe ich ähnliche Herausforderungen, aber auch Unterschiede gegenüber der Periode, die im April 2003 begann, als Nicanor Präsident wurde.

Ich bin heute mehr denn je von der Reife, der Freundlichkeit und der Würde unseres paraguayischen Volkes überzeugt. Als Politiker wären wir gut beraten, nicht zu versuchen, die Leute zu manipulieren, oder zu glauben, sie wüssten nicht Bescheid. Die letzten Wahlen haben wieder einmal gezeigt, dass solche Irrtümer politisch teuer zu stehen kommen. Unser Volk verfügt durchaus über die nötige Reife, um festzustellen, welche Versprechen gehalten werden können.

Zu Beginn seiner Amtszeit hatte Nicanor das paraguayische Volk davon überzeugt, dass jeder mithelfen müsse, damit es in unserem Land einen Wandel zum Guten gebe. Die neue Regierung hat dieselbe Gelegenheit. Wenn sie klug genug ist, die nationalen Nöte zur Priorität zu machen, bin ich überzeugt, dass das Volk begeistert mitmachen wird. Das hoffe ich am meisten für die Verantwortlichen, die ihre Arbeit am 15. August 2008 aufnahmen.

Vor fünf Jahren hatten wir der Öffentlichkeit gesagt, dass unser Land sich auf der Intensivstation befände. So sah die Lage auch wirklich aus. Wir begannen unsere Arbeit in sehr schwierigen sozialen und wirtschaftlichen Verhältnissen. Gott sei Dank (und für mich ist dies keine leere Phrase), konnten wir

Gemeinsam in Belgien unterwegs: Die First Lady, Lucy und Ernst Bergen und der Präsident mit seinem jüngsten Sohn.

erstaunliche makroökonomische Ergebnisse erzielen. Es gelang uns auch, die Sozialausgaben zu steigern und die Wirtschaft allgemein zu öffnen. Im Laufe von fünf Jahren konnte der soziale Friede weiter entwickelt werden, auch wenn er immer noch angespannt ist. Und wir haben dazu beigetragen, die Wirtschaft und die Arbeit der Regierung noch stärker auf eine legale Basis zu stellen.

Ich glaube, dass der Patient sich inzwischen auf der normalen Krankenstation befindet. Das Land hat sich sehr gut entwickelt, wenn man den Notzustand bedenkt, in dem es sich befand. Es wäre jedoch ein fataler Irrtum, anzunehmen, Paraguay sei vollkommen gesund und könne auf eine sorgfältige Pflege verzichten. Paraguay hat noch nicht die physische, seelische und geistige Gesundheit erlangt, um ohne größere Eingriffe und Unterstützung leben zu können. Es gibt jedoch Hoffnung auf wirkliche Genesung. Dabei stehen wir immer noch in Gefahr, einen Rückfall zu erleiden oder nicht vollständig zu genesen. Dann könnte Paraguay zwar überleben, aber ohne die Sicherheit, die lang ersehnte Lebensqualität zu erlangen, die das Volk mit Recht haben sollte.

Vielleicht sollten wir heute mehr denn je zuvor praktizieren, was John F. Kennedy einmal sagte: »Frage nicht, was dein Land für dich tun kann. Frage lieber, was du für dein Land tun kannst!« Wahlsiege und neue Regierungen wecken große Erwartungen. Menschen haben scheinbar den tief verwurzelten Wunsch, Wunder zu sehen und an Wunder zu glauben. Und schon mancher Politiker hat der Versuchung nicht widerstehen können, Wunder zu versprechen. Die Geschichte lehrt uns jedoch, dass für einen wirklichen Wandel die Mitwirkung aller unentbehrlich ist

Ich fühle mich inspiriert vom Führungsstil des Nehemia, einer Gestalt aus dem Alten Testament. Seine große Gabe bestand darin, dass er all die entmutigten Israeliten, die in den Ruinen des zerstörten Jerusalem lebten, zur Wiederaufnahme der Arbeit motivieren konnte. Nachdem er dem ganzen Volk die trostlose Lage Jerusalems vor Augen geführt hatte, erinnert er die Leute an die gute Hand Gottes, die ihnen beistehen würde. Dann kündigte er das Wiederaufbauprogramm an. Der biblische Text lautet wie folgt: *Und sie sprachen: »So lasst uns auf sein und bauen!« Und ihre Hände wurden gestärkt zum Guten* (Nehemia 2,18).

Als wir vor fünf Jahren begannen, empfanden wir das zuweilen als einen Sprung ins Ungewisse. Wenn ich nun zurückschaue, sehe ich, dass dies Ungewisse niemals größer war als die Hand Gottes, die uns hielt.

Teil II

Zum Hintergrund

Zur Geschichte Paraguays

von Alfred Neufeld

Paraguay hat eine faszinierende und zugleich tragische Geschichte. 1539 wurde Paraguay von den Europäern »entdeckt« und die Hauptstadt Asunción gegründet. Auf dem Weg nach Peru suchten spanische Eroberer (Konquistadoren), die vom Rio de la Plata aus ins Land gekommen waren, eine Abkürzung zum legendären »Dorado« und dem Gold der Inkas. Dort wurden sie von Pizarro geschlagen und siedelten dann – enttäuscht – in dem Gebiet von Asunción an. Es war ein glücklicher Umstand für sie, dass ein Teil des großen Guaraní-Tupi-Stammes, die Carios, in dem Gebiet lebte. Sie hatten schöne Töchter und suchten einen starken Verbündeten gegen ihre traditionellen Feinde, die Payaguás aus dem Chaco und dem Gebiet am Fluss.

Und so entstanden mit der Ankunft dieser Europäer zahlreiche Mestizen, Nachfahren von Weißen und der indigenen Bevölkerung, mehr als in ganz Lateinamerika. Ein katholischer Priester klagte damals in einem Brief nach Spanien, die Vielweiberei sei in keinem muslimischen Land so schlimm wie in dem Gebiet um Asunción. Mohammed hatte bis zu sieben Frauen erlaubt, aber jeder Spanier, der nicht bis zu 70 schöne Indianermädchen zur Frau hatte, sei eine Ausnahme, schrieb er. Heute stammen mindestens 90 Prozent der paraguayischen Bevölkerung von diesen Mischlingen zwischen den Spaniern und den Guaraníes ab. Paraguay ist das einzige Land in Lateinamerika, in dem die Sprache der Ureinwohner, Guaraní, sich gegenüber Spanisch durchgesetzt hat, und wo die Mestizen von Anfang an stärker waren als die Spanier.

Was dann folgte, ist eine Geschichte von Betrug und Enttäuschungen. Die Indianer, die ihre Töchter hergegeben hatte, fühlten sich betrogen, denn das Machtzentrum der Region verlagerte sich nach Buenos Aires, Paraguay wurde ein von anderen Ländern eingeschlossenes Hinterland und eine verarmte Provinz.

Die Franziskaner taten ihr Bestes, damit die Indianer in ihrer Armut glücklich und zufrieden blieben. Die Jesuiten wurden vertrieben, nachdem sie einen großartigen Versuch unternommen hatten, die Würde und das Wohlergehen der indianischen Bevölkerung wiederherzustellen.

Die erste Bewegung, die sich für die Unabhängigkeit von Spanien einsetzte, entstand in Asunción im Jahr 1811. Sie endete jedoch mit der äußerst grausamen Diktatur von Dr. Francia. Die Industrialisierung blühte in den 1850er Jahren auf, dann aber kam der tragische Große Krieg, der sogenannte Dreibundkrieg, in dem Paraguay von 1864 von 1870 gegen seine drei Nachbarn Argentinien, Brasilien und Uruguay kämpfte. Es kam zu einem Völkermord. Am Ende des Krieges hatte nur ein Mann im Verhältnis zu sieben Frauen überlebt, Paraguay hatte die Hälfte seines Hoheitsgebietes verloren.

Die Demokratien, die zwischen 1900 und 1940 entstanden, hatten zum größten Teil eine unerträgliche politische Unstabilität zur Folge. Die darauffolgenden Militärregierungen dauerten bis 1989 und waren noch bedrückender. Roa Bastos, der bedeutendste paraguayische Romanautor, sagte einmal: »Es scheint, dass das Unglück (*el infortunio*) sich in Paraguay verliebt hat und uns nicht mehr verlassen will.«

Historisch und wirtschaftlich gesehen war Paraguay immer ein Agrarland. Es wird Viehzucht getrieben, Baumwolle und Zuckerrohr, neuerdings auch Soja und Sesam angebaut. Es gibt einen verhältnismäßig großen Bevölkerungsanteil von 300 000 verarmten Kleinbauern-Familien, von denen viele in den letzten Jahren kein Land mehr besitzen. Sie verkaufen ihre kleinen Ländereien an die großen Viehzüchter und Sojapflanzer und enden in den Elendsvierteln und Straßen der Städte.

Seit dem Zweiten Weltkrieg haben zwei politische Parteien, die Liberalen (Blauen) und die Republikaner (Roten), um die politische Vorherrschaft gekämpft. Die Colorado-Partei (die Roten) sind in den letzten 60 Jahren an der Macht gewesen. Nun haben die Liberalen eine breitgefächerte Unterstützung seitens der Sozialisten bis hin zu den Befürwortern des freien Markts unter den oberen Zehntausend gewonnen. Dasselbe trifft für die Republikaner zu, die sich nun als humanistische Sozialisten bezeichnen. Geschichtlich gesehen standen sie immer den armen Bevölkerungsschichten nahe. Jedenfalls haben beide Gruppen fanatische Mitglieder.

Rafael Barrett, ein anarchistischer spanischer Journalist, erklärte vor etwa 100 Jahren, die zwei Parteien sollten sich durch die Farbe ihrer Fahnen und Halstücher unterscheiden, da es in ihrer Ideologie und Doktrin kaum wirkliche Unterschiede gebe. Damals schon klagte er darüber, dass die paraguayische Bevölkerung von einem »politischen Virus« infiziert sei. »Diejenigen, die nicht von der Politik und von öffentlichen Geldern leben, fühlen einen patriotischen Drang in ihrem Blut und stürzen sich in die politischen Kämpfe, um an die Macht zu gelangen.«

Zur Zeit hat Paraguay gut sechs Millionen Einwohner. Das Land lebt seit 19 Jahren in einer sich entwickelnden und verbessernden Demokratie. Es hat eine sehr freie Presse, keine politischen Gefangenen und Wahlen, die auf Grund des inneren und äußeren Drucks immer transparenter werden.

Mennoniten in Paraguay

von Alfred Neufeld

Mennonitische Gemeinden haben ihren Ursprung in der Täuferbewegung des 16. Jahrhunderts. Sie forderte eine vom Staat unabhängige Kirche. Zu ihr gehören sollte, wer sich bewusst Jesus Christus zuwendete und sein Leben nach neutestamentlichen Maßstäben in der Nachfolge Christi lebte. Besondere Kennzeichen der Bewegung waren die freiwillige Mitgliedschaft durch die Taufe auf das Bekenntnis des persönlichen Glaubens, die verbindliche Gemeinschaft und die Ablehnung von Gewalt. Aufgrund ihrer Überzeugungen erlebte die Täuferbewegung vehementen Widerstand und Verfolgung durch die damalige kirchliche und weltliche Herrschaft. Den heute weltweit gebräuchlichen Namen »Mennoniten« erhielten die täuferischen Gemeinden nach einem ihrer Führer, Menno Simons.

Nach Paraguay kamen die Mennoniten als Flüchtlinge, und zwar aus verschiedenen Gründen. In den 1920er Jahren wollte eine Gruppe russlanddeutscher Mennoniten Kanada verlassen, weil die Regierung die Selbstständigkeit ihrer traditionell deutschsprachigen Schulen einzuschränken begann und die antimilitaristische Haltung ihrer Gemeinden in Frage stellte. Da Paraguay gute Bauern brauchte und den Zentralen Chaco besiedeln wollte (auf den auch Bolivien Anspruch erhob), gewährte die paraguayische Regierung 1921 den Mennoniten ein großzügiges Gesetz. Dieses sogenannte *Mennonitische Gesetz* garantierte Schulfreiheit und auch Befreiung vom Wehrdienst. Eine Gruppe dieser »kulturellen« Flüchtlinge gründete 1927 die Kolonie Menno in einem Gebiet, das einer argentinischen Gesellschaft gehörte, auf dem jedoch Enlhit-Indianer lebten.

Der zweite Flüchtlingsstrom kam eher aus politischen Gründen wegen der bolschewistischen Revolution in Russland. Einer ansehnlichen Zahl aus Preußen stammender Mennoniten in Russland gelang es, auf eine an Wunder grenzende Weise am 25. November 1929 aus der Sowjetunion herauszukommen. Da Kanada diese Minderheit nicht aufnehmen wollte, half das *Mennonite Central Committee,* eine amerikanische humanitäre Hilfsorganisation, ihnen, nach Paraguay zu kommen. Mit zusätzlicher Unterstützung aus Deutschland konnten diese Flüchtlinge 1930 die Kolonie Fernheim im Zentralen Chaco gründen.

In diesen Jahren wanderten Mennoniten und mit ihnen verwandte Gruppen an andere Orte des Landes, einschließlich Ostparaguay. Wer im Land ansässig wurde, war bald sehr missionarisch, wodurch Mennonitengemeinden unter den Enlhit-, Nivaclé-, Guarayo- und Ayoreo-Indianern wie auch unter der Mehrheitsbevölkerung Paraguays, den Lateinmestizen, entstanden.

Inzwischen sind die früheren mennonitischen Flüchtlinge sowohl sozial als auch wirtschaftlich sehr stark geworden. Das durchschnittliche Pro-Kopf-Einkommen ihrer Gemeinschaften ist zehnmal höher als der Landesdurchschnitt. Zudem ist das Mosaik der Gemeinden recht multikulturell geworden. Die gesamte mennonitische Glaubensgemeinschaft, einschließlich einer Vielzahl verschiedener ethnischer Gruppen, findet ständig neue und dynamische Möglichkeiten der Integration und der interkulturellen Wechselbeziehungen. Sie nehmen an einer gemeinsamen theologischen Ausbildung teil, verfügen über eine Universität, Kommunikationsmedien wie Rundfunk- und Fernsehsender, beteiligen sich wirtschaftlich und politisch und sind etwa Gastgeber der Mennonitischen Weltkonferenz in Asunción im Juli 2009. All das ergibt ein imposantes Bild der Mennoniten in Paraguay. Die Gesamtzahl der Mennoniten macht etwa ein Prozent der paraguayischen Bevölkerung aus. Damit macht diese Glaubensgemeinschaft den höchsten Anteil einer Bevölkerungsgruppe an der Gesamtbevölkerung aus.

Vielfach herrscht Einigkeit darüber, dass die mennonitische Ansiedlung im Zentralen Chaco entscheidend zur wirtschaftlichen und sozialen Entwicklung dieses Gebietes beigetragen hat. Auch der Bau der Trans-Chaco-Autobahn, die für das Produktionswachstum und die Integration des Chaco so ausschlaggebend ist, wurde von den paraguayischen Mennoniten stark gefördert und unterstützt. Die legendären »Pax Boys«, junge mennonitische Freiwillige aus Nordamerika, beteiligten sich in den 1960er Jahren am Bau dieser Autobahn.

Seit den 1950er Jahren gibt es eine wirksame Betreuung für Leprapatienten in ganz Ostparaguay mit Hauptsitz im *Hospital Menonita* (Mennonitischen Krankenhaus) auf *Km 81*. Mitarbeiter des »Mennonitischen Freiwilligendienstes« arbeiten mit den Bewohnern des staatlichen Altersheims und Patienten der staatlichen psychiatrischen Klinik oder bieten Straßenkindern und alleinstehenden Müttern in Asunción ein Zuhause und Bildung.

Die mennonitischen Immigranten aus Russland brachten ihr genossenschaftlich organisiertes Wirtschaftssystem mit nach Paraguay. Die Genossenschaft (*Kooperative*) Fernheim wurde 1937 als erste registriert. Heute ist das landwirtschaftliche Genossenschaftswesen einer der stärksten Wirtschaftsfaktoren Paraguays, der dank seiner Wirksamkeit Eingang in alle Gesellschaftsschichten gefunden hat.

Vom Evangelium inspiriert und mit der starken Unterstützung des *Mennonite Central Committee* wurde ein großes wirtschaftliches Entwicklungsprogramm zwischen den Gemeinschaften der Immigranten und den einheimischen ethnischen Gruppen im Zentralen Chaco aufgebaut. Inzwischen hat dieses gemeinnützige Werk nachhaltige Gemeinschaftsorganisationen,

Systeme für einen gesunden sozialen Wandel und eine starke landwirtschaftliche Produktion sowie Programme für Volksgesundheit und zweisprachige Bildungsprogramme geschaffen. Eine ähnliche Organisation, die vor allem von christlichen Unternehmern getragen wird (*Mennonite Economic Development Associates,* MEDA), bietet der armen Randbevölkerung finanzielle Unterstützung und Förderung für landwirtschaftlich-industrielle Kleinbetriebe. Der Verein mennonitischer Geschäftsleute in Asunción setzt sich aktiv für eine verantwortliche unternehmerische Ethik sowie überhaupt die soziale und geistliche Verantwortung von christlichen Unternehmern ein.

Seit dem Sturz des Stroessner-Regimes im Jahr 1989 hat die aktivere Präsenz des Staates und seiner demokratischen Regierung starke Auswirkungen auf die Gemeinschaften der mennonitischen Immigranten wie auch auf die benachbarten einheimischen ethnischen Gruppen. Jahrzehntelang haben beide Gesellschaftsgruppen praktisch unberührt von Staat und Regierung gelebt. Nun sind sie dabei, sich durch die Mitwirkung an den Wahlen und sozialen Sicherungssystemen, durch die Beteiligung an Regierungsverantwortung und die Mitgliedschaft in politischen Parteien sichtbarer in die nationale Gesellschaft zu integrieren. Es war jedoch etwas ganz Neues für die Öffentlichkeit, als bekannt wurde, dass die First Lady Gloria Penayo de Duarte aktives Mitglied einer mennonitischen Gemeinde ist und der Präsident 2003 Mennoniten in sein Kabinett berief, die zudem keinerlei politische Erfahrung aufzuweisen hatten.

Dieser ständig und überall stattfindende gesellschaftliche Wandel stellt für eine Beteiligung der Mennoniten sowohl eine Chance als auch eine Gefahr dar.

Unser Programm –
was wir erreicht haben

Bruttoinlandsprodukt (BIP)

21 Prozent Wachstum 2003–2007. Das Wachstum in den letzten fünf Jahren war somit dreimal so hoch wie das gesamte Wachstum in den acht Jahren davor.

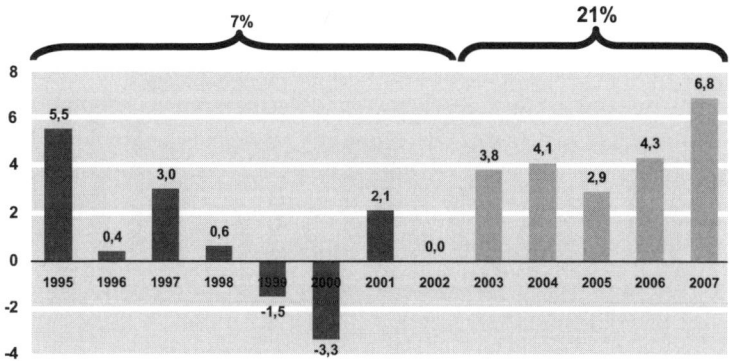

Gesamtwachstum des BIP

Die Nominaleinnahmen pro Einwohner haben sich von 915 auf 1928 US-Dollar verdoppelt: 110,7 Prozent Wachstum von 2002 bis 2007.

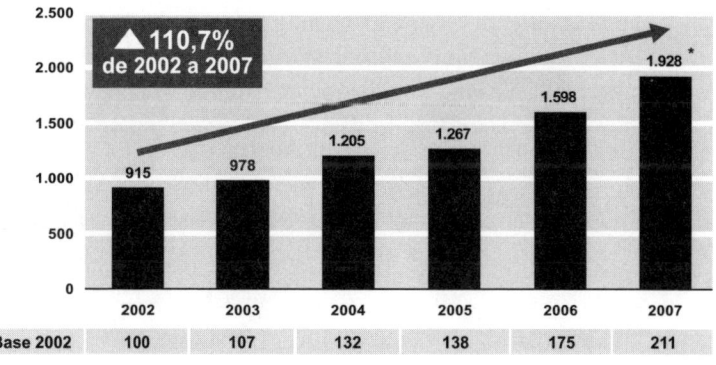

Export

Die Exporte stiegen von 951 Millionen US-Dollar auf fast 3 000 Millionen US-Dollar und haben sich damit annähernd verdreifacht.

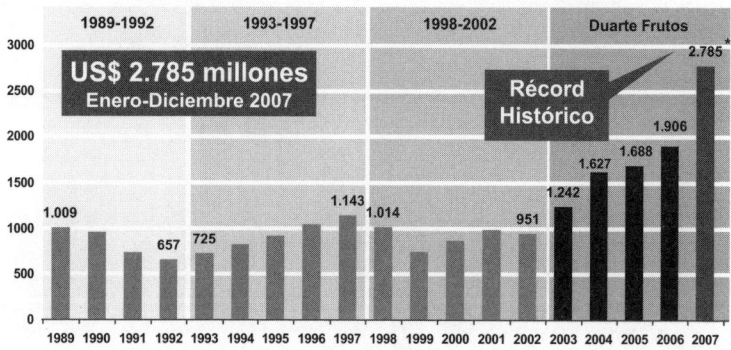

Der Anteil neuer, zuvor nicht exportierter Produkte am Export stieg von 30 Prozent 2003 auf fast 40 Prozent im Jahr 2007.

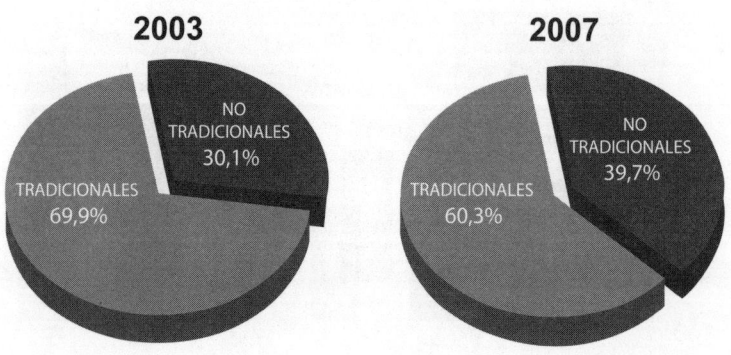

178

Auslandsschulden

Die Auslandsschulden wurden um die Hälfte reduziert. Heute ist Paraguay in der Region eines der Länder mit der geringsten Verschuldung. Die Schulden wurden von 44,2 Prozent des BIP (2002) auf 18,7 Prozent (2007) reduziert.

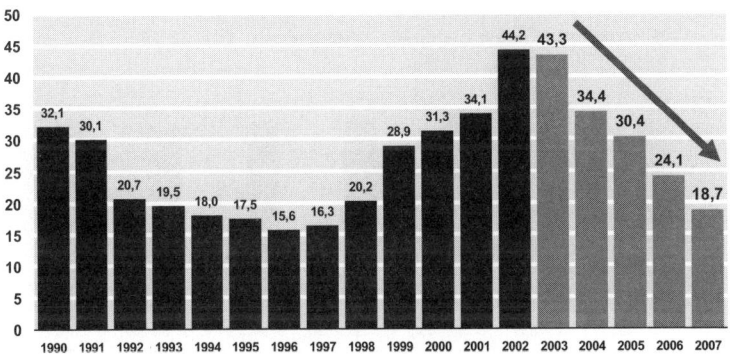

Geldreserven

Steigerung der internationalen Geldreserven von 641 Millionen US-Dollar im Jahr 2002 auf 3 040 Millionen US-Dollar (* Schätzung im Mai 2008). Zum ersten Mal seit über 18 Jahren übersteigen die internationalen Geldreserven die Auslandsschulden.

Quelle: Paraguayisches Finanzministerium,
auf Grundlage von Daten der Zentralbank Paraguays

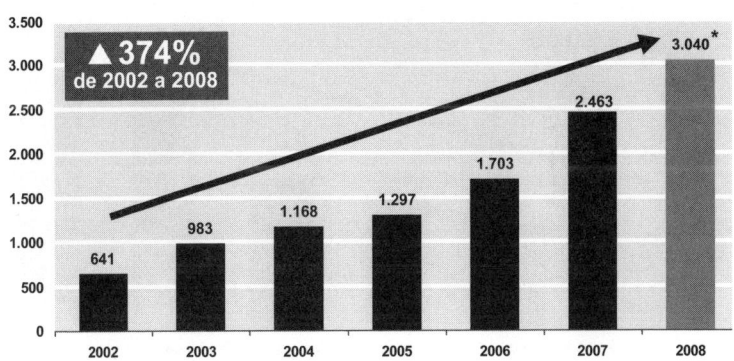

Auslandsschulden

Paraguays Auslandsschulden sind in ihrer Gesamtheit gedeckt und dennoch verfügt das Land über mehr internationale Geldreserven als beim Antritt der Regierung Duarte. Seit September 2007 kann die Auslandsschuld sofort getilgt werden.   ** Schätzung im Mai 2008*

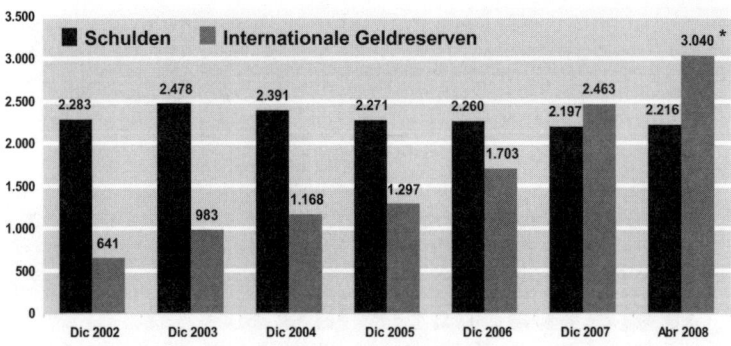

Mehreinnahmen Wasserkraftwerke

Die Einnahmen durch die binationalen Wasserkraftwerke Itaipú und Yacyretá stiegen um 381 Millionen US-Dollar und betrugen in der Zeit von 2003 bis 2007 2 114 Millionen US-Dollar.

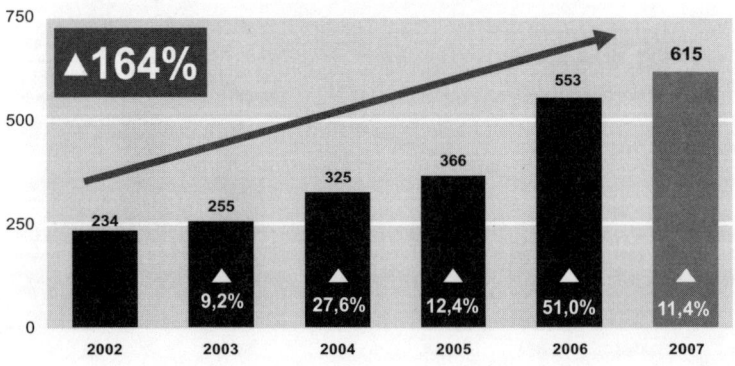

Die Bewertung Paraguays

Ausgehend von einer Situation, als das internationale Vertrauen in die Zahlungsfähigkeit Paraguays verloren war, konnten wir eine zufriedenstellende Bewertung erreichen.

Quelle: Standard and Poor's

Verschuldung	Frühere Bewertungen	Aktuelle Bewertung
Langfristig in US-Dollar und Guaraníes	2002: C 2003: **SD (!)** **2004: B-**	2007 Bewertung B
Kurzfristig in US-Dollar und Guaraníes	2002: B- 2003: **SD (!)** **2004: C**	2007 Bewertung B

Der Anteil an Kapitalgütern (Import)

Der Anteil der Kapitalgüter an den Gesamtimporten ist von 28 Prozent 2002 auf 46 Prozent 2007 gestiegen (Grafik: Importe in Millionen US-Dollar).

Quelle: Paraguayisches Finanzministerium,
auf Grundlage von Daten der Zentralbank Paraguays

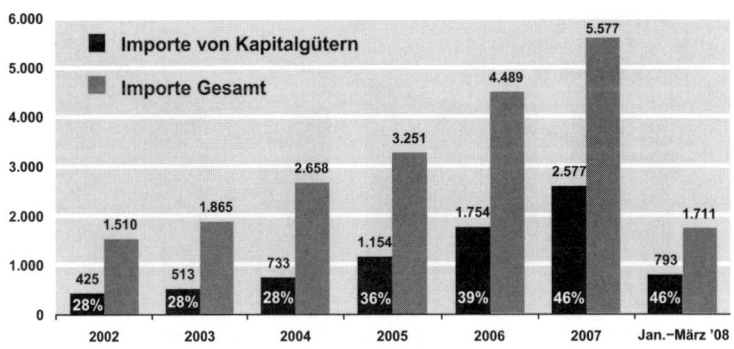

Zunahme von Einzahlungen auf Bankkonten

Einzahlungen von Privatpersonen in Milliarden Guaraníes: 266 Prozent mehr Einzahlungen in Guaraníes, 39 Prozent mehr Einzahlungen in US-Dollar (* März 2008).

Quelle: Paraguayisches Finanzministerium,
auf Grundlage von Daten der Zentralbank Paraguays

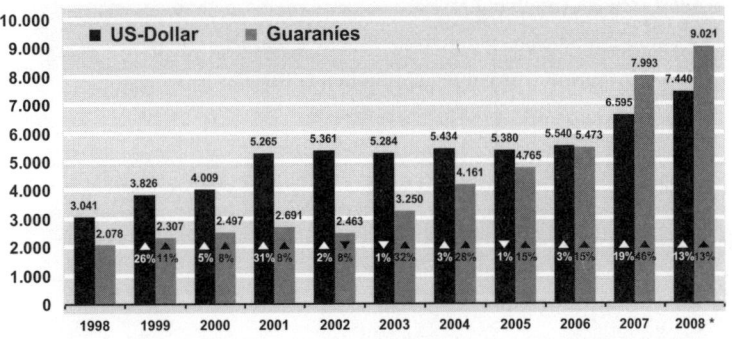

Reduzierung des Zinssatzes auf Entwicklungsanleihen

Der Zinssatz auf Entwicklungsanleihen ist im Jahresdurchschnitt von 35,9 Prozent 2002 auf 9,39 Prozent 2007 gesunken (* Dezember 2007).

Quelle: Paraguayisches Finanzministerium,
auf Grundlage von Daten der Zentralbank Paraguays

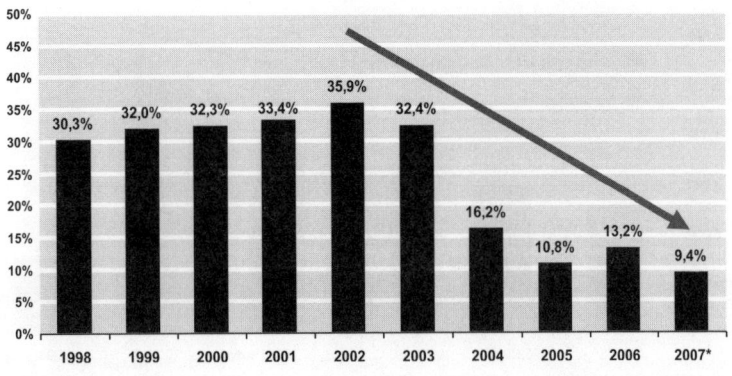

182

Die *Agencia Financiera de Desarrollo*

Um die wirtschaftliche Entwicklung zu fördern und Arbeitsplätze zu schaffen, wurde die *Agencia Financiera de Desarrollo* (AFD, Finanzagentur für Entwicklung) gegründet, die Betrieben langfristige Kredite vermittelt.

- 3 500 neue Arbeitsplätze wurden geschaffen
- 1 559 Kleinbetriebe nahmen Kredite in Anspruch
- Bis April 2008 wurden 84,1 Millionen US-Dollar investiert

Kredite an die Privatwirtschaft

Seit Ende 2003 nahm die Kreditvergabe von Banken an die Privatwirtschaft um 129 Prozent zu (Grafik: Bankkredite in Milliarden Guaraníes; * Saldo zum März 2008).

Quelle: Paraguayisches Finanzministerium,
auf Grundlage von Daten der Zentralbank Paraguays

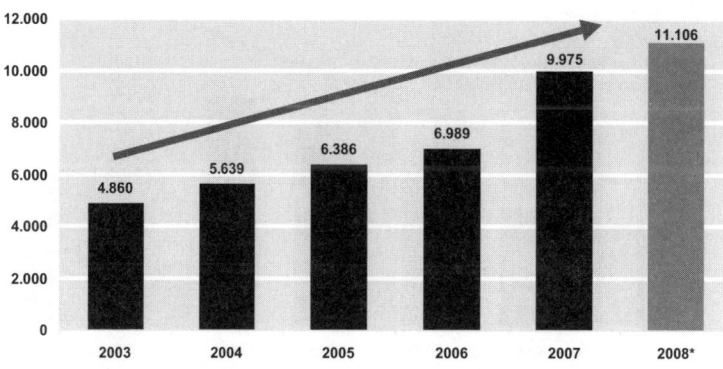

183

Überschuss im Staatshaushalt

In vier aufeinander folgenden Jahren überstiegen die Einnahmen die Ausgaben. Zum ersten Mal seit dem Ende der Diktatur konnten somit Überschüsse erzielt werden. Das Jahr 2007 wurde mit einem Plus von rund 1,0 Prozent des BIP abgeschlossen (Grafik: Defizit/Überschuss in Prozent des BIP). *Quelle: Paraguayisches Finanzministerium, auf Grundlage von Daten des SEEI*

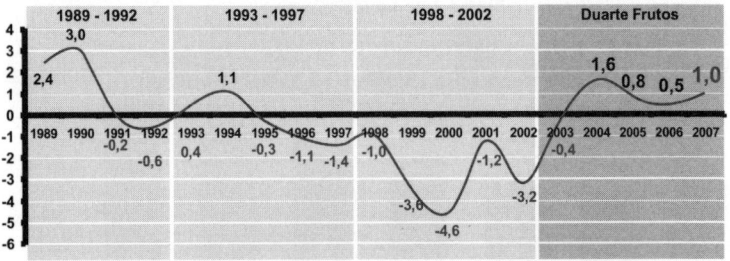

Steueraufkommen

Steigerung der jährlichen Steuereinnahmen von 2002 bis 2007 um 184 Prozent (926 Millionen US-Dollar mehr als 2002; Grafik: in Millionen US-Dollar). *Quelle: Paraguayisches Finanzministerium, auf Grundlage von Daten des SET*

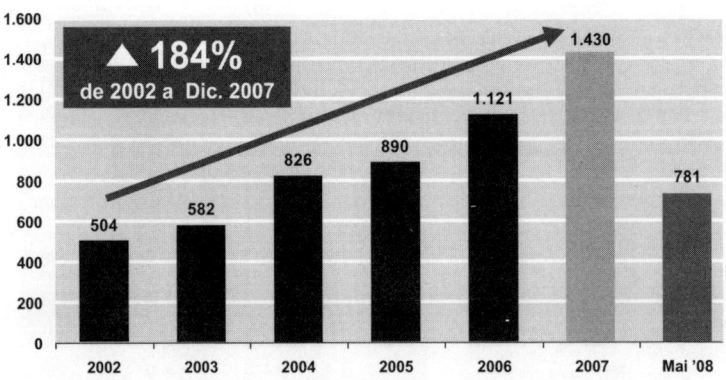

Mehr Vertrauen in den Staat

195 899 neue Steuerzahler seit 2002 (Grafik: Anzahl der Steuerzahler). *Quelle: Paraguayisches Finanzministerium,*
auf Grundlage von Daten des SET

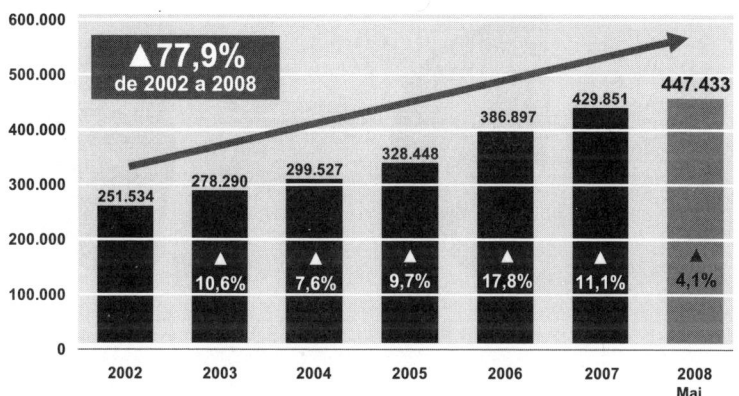

Landwirtschaftliche Exporte

205 Millionen US-Dollar von 2003 bis Dezember 2007, das entspricht einer Steigerung von 832 Prozent und der effektiven Schaffung
von Arbeitsplätzen.

Quelle: Paraguayisches Finanzministerium,
auf Grundlage von Daten des MIN

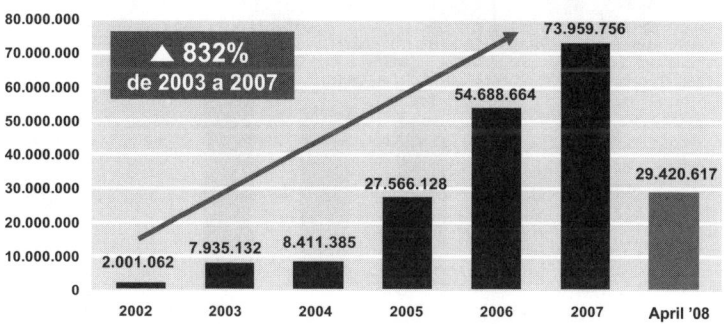

Sozialausgaben

in Milliarden Guaraníes und Prozent (Grafik: hell = Sonstige Ausgaben; dunkel = Sozialausgaben; links: abgeschlossenes Haushaltsjahr 2003; rechts: geplanter Haushalt 2008).

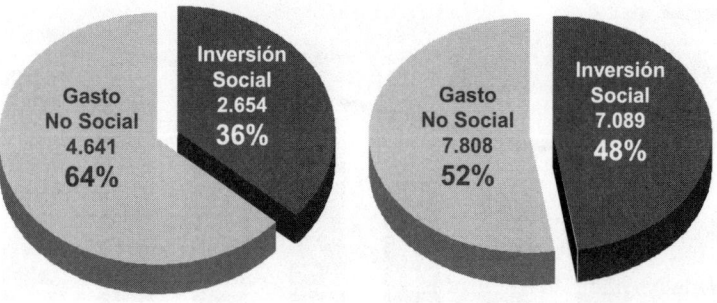

Das Rücktrittsgesuch

Asunción, den 22. Juli 2007

Eure Exzellenz
Herr Präsident der Republik
Don Nicanor Duarte Frutos

Herr Präsident,

ich danke Ihnen, dass Sie mir die Gelegenheit gegeben haben, in Ihrer Regierung mitzuarbeiten. Ich schätze die Unterstützung und das Vertrauen, das Sie mir stets geschenkt haben.

Dadurch war es für mich möglich, dem paraguayischen Volk zu dienen und etwas von den vielen guten Dingen zurückzugeben, die ich von Gott und von unserem großartigen Land erhalten habe.

Aus persönlichen Gründen möchte ich heute mein Rücktrittsgesuch für mein Amt als Finanzminister einreichen.

Ich wünsche Eurer Exzellenz Weisheit und Segen von Gott, unser Land so zu regieren, wie es für unser Volk am besten ist.

Ernst Ferdinand Bergen

Argumente für den Rücktritt

Erfolge der Regierung von Nicanor Duarte Frutos auf wirtschaftlichem Gebiet – Juli 2007

a) Die Regierung von Nicanor Duarte Frutos hat auf wirtschaftlichem Gebiet erstaunliche Erfolge erzielt: Stabilität, einen Haushaltsüberschuss, eine niedrige Inflation, Rekordzahlen bei den Sozialausgaben, Rekord-Staatsreserven, einen stabilen Dollarkurs, Rekord-Exporte und -Importe, einen Wachstumsrekord des Bruttosozialprodukts in den letzten 15 Jahren, Verringerung der Armut usw.

b) Heute hat diese Regierung im ersten Halbjahr ein finanzielles Guthaben von fast einer Billion Guaraníes, was eine Verbesserung von über 20 Prozent im Vergleich zum Überschuss der gleichen Periode im Jahr 2006 darstellt.

c) Hinzu kommt für dieses Jahr noch eine zusätzliche Einnahme von 45 Millionen Guaraníes von Yacyretá (unserem gemeinsamen Wasserkraftwerk mit Argentinien) und 72 Millionen Guaraníes in der Zeit bis Ende 2008.

d) Heute verfügt diese Regierung im Finanzministerium über eines der besten Teams von Mitarbeitern und Fachleuten. Dasselbe gilt für Bereiche, die mit dem Finanzministerium in Verbindung stehen: Die Paraguayische Zentralbank, die Finanzagentur für Entwicklung und die Nationale Entwick-

lungsbank sowie viele Zollämter. Die erzielten Erfolge beweisen es.

e) Ich glaube, dass dies dem Segen Gottes und den Tausenden
von Gebeten des paraguayischen Volks zu verdanken ist. Ich
möchte Gott die Ehre und den Dank dafür geben.

Zukunft

*Weisheit ist die Fähigkeit, die besten Mittel im besten Augen-
blick für die besten Ziele zu nutzen* (Die Bibel, *Biblia para Lide-
res, NIV Study Bible*).

Herr Präsident, Sie haben ein klares politisches Ziel und das
lautet, die Wahlen im Jahr 2008 zu gewinnen, um weiterhin
Ihre Vision für Ihr Land zu verwirklichen.

Um diese Wahlen zu gewinnen und Ihr Ziel für das Land
weiter zu verwirklichen, mag es für die Zeit, in der wir heute
leben, geeignetere Leute (Mittel) geben.

Persönlich halte ich Sie für einen großen Präsidenten, und
die Geschichte wird dies in Zukunft klarer erkennen lassen. Für
mich war es ein großes Vorrecht, mit Ihnen zu arbeiten.

Meine persönliche Lage

Ich bin mir sicher, dass es im Leben eines Menschen verschie-
dene Phasen und Abschnitte gibt, und ich glaube, dass meine
Zeit als Finanzminister abgelaufen ist.

Nach 26 Monaten in meinem Amt und nachdem ich nun
länger als sonst irgend jemand in den letzten drei Regierungs-
perioden (nach dem 15. August 1993) Finanzminister gewesen
bin, in einem Moment, wo ich eine allgemein recht positive
wirtschaftliche Lage hinterlasse und Sie einen großartigen Mitarbeiterstab in Ihrer Regierung haben, ist meines Erachtens der
rechte Augenblick gekommen, mein Amt niederzulegen.

Ich muss gestehen, dass sich nach 47 Monaten in der Regierung eine große Erschöpfung in mir breit macht. Dieser Zustand
schafft Grenzen und erhöht die Gefahr, dass falsche Entschei-

dungen mit schwerwiegenden Folgen getroffen werden, die Ihrer Regierung und unserem Volk Schaden zufügen könnten.

Ich bin dankbar für die Gelegenheit, die Sie mir geboten haben, unserem Volk zu dienen. Ihre ständige loyale Unterstützung ist für den bedeutenden Erfolg von ausschlaggebender Bedeutung gewesen. Ich schätze ganz besonders Ihre Freundschaft und Ihr Vertrauen, und ich schätze die großartigen Gelegenheiten, durch die ich viel gelernt habe.

Falls notwendig, bin ich bereit, in der Übergangszeit mit dem neuen Minister mitzuarbeiten.

Ich glaube nicht, dass ich in unmittelbarer Zukunft wieder vollzeitig in meine Unternehmen zurückkehren sollte. Ich will im Gebet nach Klarheit für mein zukünftiges Leben suchen und auf den Rat meiner Familie und meiner Freunde hören.

Aus Hochachtung vor Ihnen und Ihrer Familie will ich bei den diesjährigen Wahlen mit keinem anderen politischen Kandidaten zusammenarbeiten.

Lucy und ich möchten Sie gerne auch weiterhin unterstützen. In diesem Sinn möchte auch meine Frau es Gloria freistellen, über ihr Amt als Vizepräsidentin von REPADEH [*Red Paraguaya para el Desarrollo Humano,* Paraguayisches Netz für humanitäre Entwicklung – die Stiftung der First Lady] neu zu verfügen. Sie ist aber auch bereit, weiterhin wie bisher mitzuarbeiten.

Lucy und ich sind Ihnen und Gloria in tiefer Freundschaft verbunden, und wir hoffen, auch weiterhin Ihre Freunde zu bleiben. Wir wünschen Ihnen Weisheit und den Segen Gottes in Ihrem Leben und in Ihrem Amt, unser Land zu regieren.

Ich danke Ihnen.

Die Autoren dieses Buches

Ernst Bergen lebt mit seiner Familie in Asunción. Er engagiert sich nun wieder unternehmerisch und im sozialen Bereich sowie in der Beratung von Führungskräften. Aufgezeichnet wurde seine Geschichte von ...

Phyllis Pellman Good. Ihre Bücher haben sich bereits über 9,5 Millionen mal verkauft. Neben populären Kochbüchern hat sie über Amische und Mennoniten geschrieben, über Familie und Beruf. Mit ihrem Mann Merle lebt sie in Lancaster, Pennsylvania/USA.

Lesestoff für Führungskräfte aus dem Neufeld Verlag

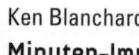